Bernard Djoumessi Tongmo

Les Lieux Sacrés

Bernard Djoumessi Tongmo

Les Lieux Sacrés

Théâtre postmoderne

Éditions Muse

Imprint
Any brand names and product names mentioned in this book are subject to trademark, brand or patent protection and are trademarks or registered trademarks of their respective holders. The use of brand names, product names, common names, trade names, product descriptions etc. even without a particular marking in this work is in no way to be construed to mean that such names may be regarded as unrestricted in respect of trademark and brand protection legislation and could thus be used by anyone.

Cover image: www.ingimage.com

Publisher:
Éditions Muse
is a trademark of
Dodo Books Indian Ocean Ltd., member of the OmniScriptum S.R.L Publishing group
str. A.Russo 15, of. 61, Chisinau-2068, Republic of Moldova Europe
Printed at: see last page
ISBN: 978-3-639-63613-0

À Dieu, L'Eternel des Armées, le Tout Puissant !
À Jésus Christ de Nazareth
Au Prophète Heric FOTSA
À l'Apôtre Pascal Blaise
À Tous les Auteurs Postmodernes
À ma fille, Larissa Success

Remerciements

Je m'emploie à vivement remercier Dieu, Tous les Humains honnêtes qui participent au cortège du monde spirituel et Tous les Auteurs Postmodernes, briseurs des brumes, du double langage et des grands discours inutiles. Cette pièce théâtrale postmoderne est réalisée Grâce à leurs secours incommensurables.

On ne conçoit pas un scientifique se fâchant contre l'azote parce que l'azote est impropre à la vie.

Zola, *Le Roman expérimental*

Puisque l'on s'épuisait à prier pour appeler la pluie tout en coupant les arbres, seuls remparts contre le désert, puisque les riches s'enrichissaient chaque semaine davantage et que les pauvres avec obstination s'appauvrissaient, bref, puisque le monde était raté, Dieu tout-puissant, veuille exaucer cette insolence, il semblait nécessaire et urgent de reprendre la Création à zéro. Et puisqu'au commencement était le Verbe – sur ce point, la Bible et le Coran tombent d'accord –, Marguerite, le matin de ses cinquante ans, décida d'utiliser l'entièreté des forces qui lui restaient à enseigner aux enfants la Parole et l'Écriture. On pouvait nourrir l'espérance que, une fois instruites et bien instruites, ces nouvelles générations bâtiraient une autre planète, plus douce à vivre que la précédente.

Erik Orsenna, *Madame Bâ*

Mais, pour l'intellectuel marxiste, le mouvement dialectique ne quitte pas le terrain de l'universalité : il s'agit de le définir dans sa généralité et de montrer qu'il s'exprime dans l'ouvrage considéré de la même façon que dans tous ceux qui ont paru à la même date. Le marxiste est donc amené à tenir pour une apparence le contenu réel d'une conduite ou d'une pensée et, quand il dissout le particulier dans l'universel, il a la satisfaction de croire qu'il réduit l'apparence à la vérité. En fait, il n'a fait que se définir lui-même en définissant sa conception subjective de la réalité.

Jean-Paul Sartre, *Critique de la raison dialectique*

En guise d'introduction

Au bout de cinq jours de travail intense, l'auteur parvient à réaliser cette pièce théâtrale, à laquelle il insuffle l'esprit postmoderne. Apparue aux années 1980 en France, la postmodernité est entendue comme l'incrédulité face aux métarécits, comme le signifie valablement Jean-François Léotard. Mais cette définition est insuffisante. Ainsi, pour l'auteur de *Les Lieux Sacrés*, la postmodernité est non seulement le doute face aux grands discours modernes, mais également et surtout le courage de dire toute la vérité qui définit les rapports-humains-monde ; elle est en outre calquée sur le naturel ou le fonctionnement de l'existence telle qu'elle est : **pas de fabrique**. Aussi s'accommode-t-elle du spirituel et donc de la **maîtrise** de toute tactique mystérieuse ou physique qui vise à déstabiliser le monde. Aussi s'accommode-t-elle de l'intégration naturelle de l'altérité et donc de l'intérêt général. D'où le retour du sujet, de l'histoire et du sens. D'où le **dérobement** du **dérobement** de l'origine, de l'histoire, des faits exacts et donc de la matière du monde. Il faut exécrer la fuite en avant d'un autre genre ! Erik Orsenna se demandait ce que c'est qu'un fleuve sans sa source.

Alors, tout comme le roman postmoderne a emprunté ces différentes pentes, le théâtre ne devrait pas en être exempt. Le théâtre doit sortir du vide moderne et donc de l'individualisme pour exprimer le « Grand Dehors » dont parle Le Bris. De la même façon, l'auteur de *Les Lieux Sacrés* entreprend de sortir le théâtre de la fabrique pour lui insuffler le sang postmoderne, c'est-à-dire le caractère d'exprimer la vie telle qu'elle est, la vie dans toutes ses dérives physiques et spirituelles, y compris les lieux sacrés qui sont pris au piège des apparences par leurs prétendus gardiens. Il faut, aujourd'hui, que le théâtre nous apprenne que le monde réel ou physique n'est pas fiable, vient-il à être empreint de rationalité et de toutes les tactiques classificatoires ou prédictibles. En effet, il y a trop de fabrique dans le monde physique : les gens donnent une impression de richesse ou de pauvreté dans la surface de la terre, pourtant celles-ci sont définies depuis le monde spirituel. La richesse ou prospérité financière est négativement ou positivement mandatée depuis le monde spirituel. D'où la nécessité pour le dramaturge postmoderne de remonter les origines, les fondements, pour qu'on comprenne pourquoi le monde **ne fonctionne pas** ou fonctionne. La vie a un secret dont les chanceux, qui le comprennent, ne parlent pas du tout. Ils donnent l'impression qu'ils sont forts grâce à leurs propres forces, pourtant il y a un prix ou un sacrifice qu'il faut à tout prix payer à l'autel d'un être suprême de son choix.

Aussi va-t-on apprendre ce matin que la littérature postmoderne en général, et le théâtre postmoderne en particulier, est à l'image de Dieu : l'œuvre nous raconte ou représente qu'il n'y a pas de pauvreté ou de richesse qui tienne, il n'y a de richesse ou de pauvreté que la bénédiction ou la décision de Dieu, nonobstant tout le travail de l'humain. Aussi faut-il faire table rase de l'arrogance esthétique, intellectuelle, matérielle et financière. Aussi faut-il faire abstraction de toutes les brumes structuralistes, esthétiques et littéraires, qui préservent fort bien, et depuis longtemps, l'hypocrisie au service de l'humanisme.

On peut comprendre, en fin de compte, que le seul endroit réel où on est en sécurité, c'est le monde spirituel, que le théâtre postmoderne devrait désormais mettre en évidence.

Bernard DJOUMESSI TONGMO

LES LIEUX SACRÉS

Théâtre postmoderne

Auteur : DJOUMESSI TONGMO BERNARD

LES PERSONNAGES

Le littéraire postmoderne
Le philosophe postmoderne
Le marxiste
Le saussurien
Le chef
Les notables
Le marabout
Confack
Moïse
Le peuple ou la foule
Komfo
Afack

ACTE I

Scène première

(Assis sur un banc de leur université, deux intellectuels postmodernes, un littéraire et un philosophe, mènent une réflexion qui leur permet de passer au laboratoire de la postmodernité les lieux sacrés, qui sont loin d'être innocents).

Le littéraire postmoderne

Les lieux sacrés sont extrêmement dangereux dans ce pays ! Qu'est-ce qu'un lieu sacré ? Un lieu où on enterre les destins des enfants, le bonheur des enfants, où on enterre les étoiles des enfants afin de les retenir mystiquement et arbitrairement dans leurs villages. Ils ne peuvent aller loin. C'est ça le lieu sacré, le philosophe postmoderne !

Le philosophe postmoderne

Je suis très d'accord avec toi, mon littéraire postmoderne. La postmodernité nous commande d'ailleurs d'être clairs, comme toi, sur des sujets les plus graves et les plus clairs. Le constat, je l'ai fait : la jeunesse universitaire de ce pays, dans tous ses villages et villes, n'arrive pas à monter au ciel, pourtant elle est parfaitement intelligente. Elle est courageuse et travailleuse. Elle dispose des diplômes, ce sont des bacheliers, des licenciés, des titulaires de Masters et parfois même des docteurs ! Mais, elle peine à trouver son chemin : elle grandit physiquement, elle est âgée, mais elle n'a pas de travail – quand bien même elle veut en créer de par sa haute intelligence, sagesse, elle n'y arrive pas. Pourtant elle dispose de toutes les ressources mentales, intellectuelles, morales, psychologiques, et j'en passe ! Des mains mystérieuses semblent la retenir au sol, afin qu'elle ne bouge pas, ne grandisse pas, ne travaille pas, n'évolue pas et ne devienne pas indépendante et souveraine, du point de vue financier et matériel. Elle dépend interminablement de ses parents mystérieux. Et quand je dis, « mains mystérieuses », tu le comprends parfaitement, mon littéraire postmoderne – seuls les modernes ne comprennent rien en ce domaine-là ; vu leur arrogance, ils ne croient pas au mystérieux ! Les jeunes sont mystérieusement et systématiquement maudits par leurs parents dans les lieux sacrés, c'est-à-dire dans les chefferies, maisons de famille, les cours d'eau, les troncs d'arbre, les tombes, les cases pour les crânes des ancêtres. Pourtant, ces parents affirment qu'ils appellent les jeunes enfants dans ces lieux pour les bénir – entendre maudire. Quelle hypocrisie !

Le littéraire postmoderne

Une évidente hypocrisie, le philosophe postmoderne ! Il faut d'ailleurs entendre par lieu sacré, l'expression de l'hypocrisie des ancêtres, des notables, des chefs, des rois, des conseillers du roi, des reines, des princes, des pères, des mères, des anciens du village et de certains fils et filles complices des théories lunaires de leurs parents. Tous ceux qui sont proches du pouvoir royal ne sont pas sérieux, ils manquent cruellement de bon sens, dont pourtant ils se réclament régulièrement. Leur mission directe : maudire les enfants de façon malicieuse ! Comment un enfant maudit même depuis sa naissance doit-il réussir sa vie ?

Comment veut-on qu'il travaille, mon philosophe postmoderne ? Comment veut-on qu'il gagne de l'argent malgré ses trente ans, ses trente-cinq ans, ses trente-huit ans, ses quarante ans voir ses quarante-deux ans ? Comment veut-on qu'il se marie, qu'il fonde une famille ? Bref comment veut-on qu'il soit heureux ? Ils sont rejetés partout où ils passent ; ils ont toujours comme le sentiment que personne ne les accepte, ne veut les voir, ne veut échanger avec eux. Leurs interlocuteurs ont comme l'impression qu'ils sont mauvais, et à la limite même qu'ils ne sont pas des êtres humains. Ils sont méprisés, minimisés. Tout ça, parce que de mauvaises langues jurées depuis les lieux sacrés parlent sur leurs têtes, contre eux !

Le philosophe postmoderne

Et c'est là où on voit les étoiles collectées et bloquées par les méchants parents dans des troncs d'arbre : l'étoile scolaire, l'étoile des diplômes, l'étoile du travail, l'étoile de la prospérité financière et l'étoile sentimentale sont enterrées et sans mot dire ! Et ce n'est pas seulement le problème d'une seule famille ; ce problème de collecte de destins des enfants est le propre de toutes les maisons de tous les villages et villes. Disons-le sans métaphores, sans sous-entendus. Tu sais que nous, **les postmodernes**, n'aimons pas les métaphores, cet hymne de mauvais goût par lequel les modernes et les hommes de la stylistique structurale embrouillent les gens ! ils aiment embrigader le langage afin qu'on ne les écoute point, ne les comprenne point ; ils n'aimeraient pas avoir d'interlocuteurs : ils veulent impressionner, c'est tout ! c'est ça le propre de ceux qui se réclament avec énergie du rationalisme triomphant.

Le littéraire postmoderne

Justement, le structuralisme saussurien et levistraussien ne pouvait jamais parler des lieux sacrés, comme nous. Pourtant c'est ça le véritable problème dont souffrent les jeunes. Ils n'ont pas besoin de métaphores, de la structure interne des textes, de Riffaterre ou de Barthes ; ils veulent que l'on les édifie sur la cause exacte de leur arriération : et la cause exacte de leur arriération, c'est le lieu sacré du village, où leurs destins de travail, de finance et du mariage sont malicieusement enterrés. Nos parents ne sont pas les gardiens de la tradition, comme on le chante souvent avec énergie, mais tout simplement les égraineurs d'étoiles de leurs enfants. On peut donc comprendre que les ancêtres, les notables, les chefs, les saussuriens, les marxistes, les cartésiens, les structuralistes et tous les modernes possibles (les hommes politiques) sont des Pharaons, des Hérode et des Balak ! Ce sont des Egyptiens qui tiennent les enfants d'Israël, j'allais dire les jeunes, en captivité depuis les commencements des villages. Tu sais qu'on n'explique pas la sorcellerie – certains sots pourraient nous en demander les raisons, pourtant ils savent que nul n'a jamais approuvé la sorcellerie depuis la nuit des temps, pourtant elle existe : invisible, elle influence, elle fait des ravages et la cible essentielle, c'est les jeunes et leurs destins de vie. Nous demander d'expliquer la sorcellerie, c'est accroitre encore l'évidence de l'hypocrisie qui caractérise l'âge mur.

Le philosophe postmoderne

La tradition pour eux n'est qu'un prétexte de collecte d'étoiles. Preuve que nos parents ne sont pas différents des modernes, des structuralistes et des marxistes qui affirment une chose en surface, et réalisent le contraire en sous-main : ils disent payer la scolarité de leurs enfants, les accompagner dans leurs succès à l'université et même dans le monde du travail alors même qu'ils ont déjà, et tactiquement, dépouillé les dons par lesquels ces enfants devraient réussir à l'école et dans le monde du travail. Mon littéraire postmoderne, on a dans ce monde des illuminés qui vous parlent de la démocratie à longueur de journées alors même qu'elle n'a jamais existé, alors même que le peuple, pourtant à qui on attribue tactiquement le pouvoir, crouille de misère ! Lévi-Strauss, Saussure, Barthes, Altusser, Rifaterre, Proust, Karl Marx, Lacan et autres illuminés du monde littéraire, linguistique et philosophique disent sans gêne que le signe linguistique est une entité dont le signifiant ne se dirige pas vers le signifié alors même qu'une telle théorie voudrait dire que le monde est réduit à l'égoïsme, à l'égocentrisme, à l'hypocrisie. Dire que le signe linguistique est arbitraire, c'est vouloir briller par la misère des faits, par la duplicité. C'est vouloir dire que les lieux sacrés bénissent les enfants alors même qu'ils détruisent leur avenir au profit des seuls parents sorciers et antiprogressistes.

Le littéraire postmoderne

Et c'est de ce paradoxe, de cette hypocrisie qu'on peut cependant déduire la raison de la sorcellerie : lorsque les enfants très intelligents continuent de rater l'emploi sans raison, on peut comprendre qu'ils sont piégés quelque part par leurs ascendants. Tu t'imagines un père qui a dix-huit enfants et dont aucun ne travaille alors même que le plus moins diplômé parmi eux a le Baccalauréat ? Qu'est-ce qui explique un tel paradoxe ? Ils ont envie de tout faire, ils sont actifs, mais jamais ils ne trouvent la piste du travail – on dirait un avion piégé qui ne trouve pas la piste d'atterrissage et qui finit par s'éclabousser. Ils ne peuvent être que piégés dans le monde de la sorcellerie par leurs parents. Tu sais que le plus grand ennemi ne vient jamais que de la famille – et le plus souvent c'est le père ou la mère. Il est naturellement établi que la sorcellerie ne circule que dans le sang des membres d'une même famille.

Le philosophe postmoderne

Ce qui est plus intéressant encore, c'est que ces mêmes parents illuminés proposent à ces mêmes enfants sur qui pèse le fardeau de la sorcellerie et de la misère d'aller avec eux dans des lieux sacrés pour faire des sacrifices, lesquels les délivreraient des échecs à n'en point terminer ! Occasion pour eux d'enfoncer le clou, de renforcer la malédiction des enfants. Il faut qu'on comprenne aujourd'hui que l'intelligence et le travail seuls ne suffisent pas pour réussir la vie, encore un enfant doit-il être naturellement doté de toutes ses chances et de tous ses dons. Lorsqu'un enfant possède un passeport ou un diplôme ou un contrat dont la valeur spirituelle, tactiquement, a été volée, comment veut-on qu'il voyage ? Comment veut-on qu'il se serve de son diplôme pour trouver ou créer un job ? Comment veut-on qu'il arrive à gagner un marché ? La vie est d'abord spirituelle avant d'être physique. En effet, lorsque la valeur spirituelle de vos documents est tactiquement volée par le Pharaon ou Hérode ou Balak, directement et miraculeusement, tout le monde que vous rencontrez trouve que vous êtes mauvais, mécréant, car vous n'avez plus de valeur. L'être humain, ce n'est pas sa taille, sa corpulence, mais c'est sa valeur, et notamment sa valeur spirituelle, qu'il faut protéger contre le sorcier, pharaon, Hérode ou Balak !

Le littéraire postmoderne

Mais du moment où ces chances, ces étoiles et ces dons sont tactiquement volés par le démon, par le sorcier, l'enfant ne peut plus réussir, quoi qu'il soit fort intelligent. Désormais il va fonctionner comme une coque vide, dont l'essence a été arrachée. Un arbre sans racine ne peut tenir, un enfant sans don ne peut tenir, fût-il le plus intelligent. Le sorcier, quand il vous attaque la nuit ou en journée, cherche, non pas votre vie, mais votre don, votre étoile, car il est jaloux de ce don qui va vous faire progresser à grand pas dans le monde du travail et de la prospérité. Nos parents sorciers sont donc les apôtres de la pauvreté, de la misère, du sous-développement. Aussi comprend-on que nos villages n'avancent jamais, quand bien même certains de leurs membres sont des professeurs d'université. Eux aussi ils meurent de sorcellerie comme des mouches ! quand ils n'en sont pas les apôtres.

Le marxiste

(Intervient sans demander la parole, l'air rouge)

Je vous ai entendu verser de l'eau sur le structuralisme et le marxisme sous prétexte que vous voulez afficher les lieux sacrés dans leurs laideurs ! Moi je suis marxiste, comme vous pouvez le constater ; et comme tel je ne pense pas que le fossé va disparaitre un jour entre les bourgeois et les prolétaires, entre les colons et les colonisés. Et à plus forte raison l'éradication des lieux sacrés. Pourquoi vous intéressez-vous à des sujets pareils. Si j'étais vous, je me contenterai du vide, de la structure. Je vous le jure, il est aberrant aujourd'hui de s'intéresser aux hommes, puisqu'ils ont toujours des problèmes ! Et cependant je défends le socialisme ; il y aura l'égalité sociale, j'en suis convaincu.

Le littéraire postmoderne

Vous rendez-vous compte des contresens dans vos propos ? Où voulez-vous en venir ? Le marxisme mérite d'être brûlé au feu afin qu'on n'en parle plus ! Cette théorie lunaire ne peut pas nous permettre de résoudre le problème des jeunes victimes de la hantise des lieux sacrés chez nous en Afrique ! Seule la littérature postmoderne ou la philosophie postmoderne peut triompher d'un tel problème, puisqu'elle est applicable à la matière du monde. Le marxisme que vous avez âprement étudié dans les universités allemandes, puisqu'il est fondé sur le vide comme le montrait logiquement Sartre dans Critique de la raison dialectique en 1960, ne pouvait en aucun cas vous faire voir les tares posées à nos jeunes africains par les lieux sacrés. Puisqu'on enseigne le marxisme là-bas, vous voulez le rééditer ici sans y avoir réfléchi au préalable : là est l'erreur !

Le marxiste

Il n'y a pas de mal à enseigner et admirer le marxisme ! Vous m'écoutez ? Je pense de fort belle manière qu'il n'y a pas de contresens dans mes propos. Je réfléchis bien, je suis cohérent. Mais comment pensez-vous que les lieux sacrés peuvent avoir un impact sur les jeunes ? Nos parents africains ne doivent-ils plus valoriser leurs cultures ? Moi je pense que combattre les lieux sacrés, c'est profaner la culture africaine.

Le philosophe postmoderne

(Impatient depuis, il intervient avec ironie)

Eh bien ! Vous ne voyez pas le problème posé par les lieux sacrés à nos jeunes universitaires africains ! Ils n'ont pas d'emploi depuis longtemps à cause des lieux sacrés. Comprenez-vous ça ? Je commence à me rendre compte que le marxisme vous a un peu aliéné à Berlin : c'est une formule désincarnée, décontextualisée, une formule hors-sol, qui n'a rien à voir avec le réel, la matière du monde. Vous-même étant déraillé comme le marxisme, comment pouvez-vous voir le problème des lieux sacrés ? Vous êtes encore à l'ère de l'ancienne école, où on réédite tout simplement ce qu'on a appris. Pourtant je pense que vous devez vous former à la déconstruction des savoirs modernes, ce qui vous permettra de comprendre directement que les lieux sacrés tant valorisés en Afrique sont plutôt le cimetière des jeunes. Vous ne pouvez pas faire autant d'études pour venir soutenir nos parents dans leurs théories lunaires ! Réfléchissez un peu à fond ! vieux. Dans certaines familles en Afrique, certains enfants sont nuit et jour accusés de saleté, d'insalubrité, alors même que ceux qui les en accusent ont, tactiquement et depuis longtemps, récolté leurs dons de propreté, leurs dons de tenir une maison dans l'ordre. Alors, vous comprenez que si la sorcellerie est une religion, il y a un dieu quelque part, et ce dieu c'est l'hypocrisie, le double langage, la fabulation.

Le saussurien

(Le saussurien surgit plus dangereux que le marxiste)

Selon Ferdinand de Saussure, le très grand linguiste, le père de la linguistique moderne, le signe linguistique est arbitraire et ne peut rendre compte de la matière du monde. *(Il soupire).* Comme il n'y a rien de tabuliforme dans le mot table, je vous jure que de la même façon, il n'y a rien de sacré dans les lieux sacrés. Ces lieux sont bons pour nous, pour nos enfants : je ne vois pas le tort. De quelle sorcellerie parlez-vous ? Laissez nos parents tranquilles ! Ils ne peuvent pas piéger leurs enfants ; ils les aiment !

Le littéraire postmoderne

Quel est cet aveugle ? Vous, les saussurien et marxiste, vous devez comprendre que lorsqu'on n'a pas encore soumis un savoir à la déconstruction, on ne peut le comprendre. Une femme n'est belle qu'à distance ! C'est pourquoi je vous recommande de lire Derrida : vous comprendrez qu'il n'y a d'écriture que celle qui exprime la vie, la pensée réelle des hommes. Et la vraie pensée de nos parents, c'est de sacrifier les destins de nos enfants dans les lieux sacrés. Par ailleurs, un des plus grands défis de la postmodernité littéraire et philosophique, c'est de renouer avec le fondement, avec l'Histoire, avec le passé, avec les commencements. Ainsi, chaque enfant, pour se sauver de la sorcellerie de ses ancêtres, de leurs pêchés, des liens familiaux, des autels familiaux, doit automatiquement remonter le temps familial, rechercher ses origines, les examiner à la loupe afin de comprendre limpidement pourquoi son monde physique est foutu depuis longtemps ! L'enfant doit par la suite remonter le premier jour de sa naissance : où et quand est-ce qu'il est né ? Qui a accompagné sa mère à l'hôpital le jour de sa venue au monde? Cet accompagnateur a-t-il collecté son Etoile ou pas ? Il faut le savoir. Qui l'a lavé le premier jour, dès sa sortie du ventre maternel ? Ce laveur lui a-t-il fait du mal ou pas ? A-t-il collecté son étoile ou pas ? Car, et il est clair, quand une sorcière lave un nouveau-né et qu'il veut le maudire, puisqu'il pressent la haute valeur de son étoile, elle crache sur son front pour éteindre cette étoile, afin qu'elle ne brille pas du tout ! On le fait à l'insu de sa mère, qui est fière de savoir qu'on lave son fils ou sa fille selon le cas. Il faut enfin que l'enfant interroge le nom et le prénom qu'on lui a attribués : qui les lui a attribués ? Quelle en est la signification ? Quelle intention l'auteur de son nom avait en arrière-plan de son esprit quand il ou elle lui attribuait ce nom ? Voilà comment les autels familiaux sont bâtis dans une famille pour détruire ses membres. Pour sortir de la malédiction et avoir la chance de gagner désormais sa vie, l'enfant doit commencer à BRISER les autels familiaux et l'esprit de l'idolâtrie depuis les fondements. On comprend évidemment pourquoi Jacques Derrida traite la philosophie et la science modernes d'incompétentes, car elles procèdent à un dérobement de l'origine de mauvais goût. Erik Orsenna demandait dans Madame Bâ : à quoi sert un fleuve sans sa source ? La philosophie moderne, celle de René Descartes, a rompu avec l'origine parce qu'elle se complait dans une fuite de responsabilité devant l'Histoire et l'Altérité. Fuir l'histoire, c'est semer l'égoïsme, le carriérisme, l'hypocrisie, le double langage. Comment réussit-on à faire croire que l'Histoire n'a pas existé alors même que dans son for intérieur on sait qu'elle EXISTE ! Je pense de fort belle manière que les penseurs modernes, pour leurs forfaits outranciers, ne pourront trouver de meilleure place qu'en enfer. Ce sont des violeurs. Ils nient l'existence pourtant dans laquelle ils vivent ! Aussi comprend-on, et cela vient d'être clair, que les lieux sacrés ne sont pas seulement les petites cases des crânes au village, ce sont aussi des livres modernes, l'intelligence moderne, les universités, les ambassades, les institutions internationales modernes, car ils entretiennent le double langage, sacrifient des vies, comme le démontre Edward Said à l'introduction de L'Orientalisme.

Le marxiste

(Surgit pour soutenir le saussurien ; ils sont de la même obédience)

Je ne suis pas du tout d'accord. Vous ne maîtrisez pas la critique littéraire. La meilleure critique est celle de Marcel Proust où il accusait Sainte-Beuve d'avoir soutenu la biographie. Proust a pleinement raison, puisque la biographie n'est pas quelque chose à soutenir. Sainte-Beuve avait les trous de mémoire : je me demande comment l'auteur peut apparaître dans son texte, et à plus forte raison la société tout entière. On devrait brûler les Causeries du Lundi. Ce livre nous gâte la littérature structurale ! Si vous aviez compris le structuralisme formel, vous n'auriez pas intégré le problème des lieux sacrés dans vos réflexions. Il faut soutenir Roland Barthes, le verbe intransitif, la mort de l'auteur, il faut dénigrer le réalisme, rompre avec le postmodernisme. L'existentialisme n'est rien, on ne devrait pas aimer Stevenson, Le Bris, Alain Gerber, Pividal, Erik Orsenna, tous ces gens m'exaspèrent. En tant qu'universitaires, vous ne devriez pas défendre ça !

Le littéraire postmoderne

(Surpris)

Pour vous, l'université ne sert à rien ! Eh bien, vous n'êtes pas différents de nos parents qui sacrifient les enfants sur l'autel des lieux sacrés ! Mais je pense qu'il faut sortir de l'enfantillage pour aller vers le monde, qui s'ouvre à nous. En effet, Erik Orsenna et les écrivains postmodernes sont les seuls auteurs qu'on peut lire. J'y trouve un moyen de résoudre les problèmes africains, et notamment ceux des lieux sacrés. Proust ne fait pas partie des critiques littéraires. Il est impossible de défendre les gens qui défendent le vide, le contresens. Tzvetan Todorov pensait que la véritable littérature doit être régie par de pures raisons idéologiques. C'est pourquoi, si j'avais un prix à décerner à un critique littéraire, je le décernerais à Tzvetan Todorov. A partir de ce qu'il dit, nous pouvons bien remettre en cause les turpitudes des lieux dits sacrés. Un des plus grands talents des marxisto-structuralo-cartésianistes, c'est d'avoir pris la vérité existentielle au piège des apparences, c'est de s'être abstenus d'inscrire l'espace social dans l'espace mental, c'est d'avoir instrumentalisé la linguistique et de faire en sorte qu'elle ne soit plus vue comme une science, mais comme une stratégie, car en même temps que le structuraliste ordonne ce qu'il faut faire, en même temps il empêche de le faire. Que de double langage ! La littérature n'est pas la démission, l'abstention, mais l'intégration, l'intervention, la mise en évidence des lieux sacrés et leur instrumentalisation par les notables, qui apparaissent toujours sous un jour innocent ! Pourtant, ce sont des fornicateurs.

(Le littéraire postmoderne et le philosophe postmoderne se concertent. Ils trouvent les saussuriens et les marxistes trop ignares et envisagent d'aller informer la jeunesse des risques des lieux sacrés.)

Scène 2

(Entrent les jeunes du village, invités par les deux intellectuels que sont le philosophe et le littéraire postmodernes au foyer du village.)

Le littéraire postmoderne

Bonjour, chers jeunes du village. Nous avons voyagé uniquement pour vous : nous avons estimé qu'il faut vous porter la bonne nouvelle, car notre village, et partant notre pays, court à la catastrophe. Il est question des lieux sacrés où nos parents nous conduisent tous les jours pour des sacrifices et pour des soi-disant bénédictions ! Sans transition, je vous annonce que les lieux sacrés sont un abattoir tactique pour des jeunes ; nos parents, ayant la mauvaise foi malgré leurs beaux visages, nous y amènent, non pas pour nous bénir, mais pour arracher nos étoiles afin que, désormais, nous soyons des coques sans valeur ! La valeur d'un être humain, c'est son don, c'est son étoile. Mais du moment où votre étoile est tactiquement arrachée par nos parents sorciers, vous n'êtes plus rien, puisque vous n'aurez plus de travail, vous ne pourrez pas vous marier tant que le problème n'est pas spirituellement résolu.

Les jeunes

(Effarés, ouvrent grands les yeux ; ils parlent à la fois.)

Comment nos chers lieux sacrés seraient-ils devenus abominables et mauvais pour nous !

Le philosophe postmoderne

(Prend la parole et rassure les jeunes)

Ecoutez, chers jeunes, ce que dit mon ami d'université, le littéraire postmoderne, n'est que salutaire : les lieux sacrés sont dangereux puisqu'ils sont aujourd'hui instrumentalisés par les notables et les rois. Autrement dit, ils donnent l'impression de respecter la tradition, la culture, alors même que les chèvres et les poules égorgées dans ces lieux sont contre nous. Ce sang des animaux versé est le nôtre ; bien plus, nos étoiles sont collectées tactiquement, comme l'a si bien précisé le littéraire postmoderne avec tant de pertinence. Notre vie est en danger : nous ne devons plus y aller ; continuer d'y aller, c'est s'exposer davantage à une vie stérile et non productive.

Confack

(Levant le doigt ; la parole lui est accordée.)

Je suis le président des jeunes de ce village. Je vous remercie, mes grands frères d'être venus nous entretenir sur ce sujet que je trouve important. Mais je souhaite le comprendre davantage : qu'est-ce qui vous fait croire que les jeunes sont dépouillés de leurs étoiles une fois qu'ils se rendent dans des lieux sacrés ? Je vous remercie.

Le littéraire postmoderne

Je vous remercie pour votre question, monsieur le président. Vous devez le comprendre. Si nous avons fait une longue route de l'université jusqu'ici, ce n'est pas pour jouer aux devinettes. L'heure est très grave. Les lieux sacrés sont un problème réel et sérieux pour nous. C'est un piège qui nous est tendu depuis longtemps par les vieillards de ce village. Beaucoup de nos jeunes ont déjà laissé leurs peaux dans ces lieux sacrés. Imaginez-vous qu'à quarante-cinq ans un homme ou une femme n'est pas encore marié, n'a aucun travail digne de ce nom ? Alors qu'il est pourvu d'une grande intelligence et d'une grande volonté de réussir depuis sa prime enfance ? Quelle est la raison fondamentale de ce paradoxe ? Beaucoup d'illuminés vous diront qu'une telle personne n'a pas cherché à gagner sa vie ! C'est extrêmement faux ! Croyez-vous que quelqu'un peut chercher à ne pas gagner sa vie ? Non, c'est pas possible ! s'il souffre d'une telle situation, c'est que sa vie a été piégée dans la champ de la sorcellerie, et notamment dans des lieux sacrés. Et quand on parle des lieux sacrés, il ne s'agit pas seulement des petites cases dans des chefferies ou des maisons où l'on fait des sacrifices ; il s'agit de ces chefferies elles-mêmes, de ces maisons elles-mêmes : décidemment, chaque maison du village est un temple de sorcellerie, d'une certaine façon. Croyez-vous que les pieds d'un chef soient paralysés et qu'on n'arrive pas à le soigner dans tous les centres de santé de haute facture et même à l'étranger où la médecine est meilleure ? C'est étrange ! Et cette étrangeté ne peut s'expliquer que par l'esprit démoniaque des ancêtres et de certains notables et chefs.

Le philosophe postmoderne

(Il renchérit)

Mon frère littéraire a parfaitement raison. Ces lieux sacrés sont non seulement les chefferies, mais aussi les troncs d'arbre, les cours d'eau, les champs où les destins des enfants sont constamment enterrés ! Quand vous entrez dans certaines concessions, on vous dit que tel ou tel arbre ne doit jamais être coupé : et pourquoi ? Parce qu'il contient les destins des enfants, qui ne vont jamais émerger dans leurs vies jusqu'au jour où Dieu pourrait les en délivrer par l'entremise d'un de ses excellents et objectifs serviteurs. Et toutes les chefferies aujourd'hui sont fondées sur la sorcellerie : la preuve, c'est que beaucoup d'enfants issus de ces chefferies mènent une vie difficile, où la main de Dieu est presque absente ; beaucoup n'arrivent jamais à se marier, beaucoup n'arrivent jamais à trouver un travail ; quand bien même certains sont mariés, ils n'ont pas d'enfants, les bagarres à n'en point terminer constituent leur lot quotidien ; la jalousie est au premier chef, l'hypocrisie alimente les foyers, la pauvreté s'installe sans raison. Quand bien même, ils ont des enfants, les échecs scolaires à n'en point terminer s'installent, la mésentente, la jalousie, l'hypocrisie parmi eux. Beaucoup sont stériles, ne peuvent pas enfanter et pleurent nuit et jour pour demander un seul enfant au bon Dieu ! Mon ami Confack, crois-tu qu'une telle vie est simple ? Non, c'est une vie piégée depuis les lieux sacrés par les ancêtres et les notables aux gros ventres. Dans certaines chefferies, le bonheur des enfants a été acheté à trente-cinq francs par un ami du chef. Il achète ce bonheur pour l'offrir à ses propres enfants qui vont vivre un bonheur immérité tandis que les enfants du chef et toute sa descendance, qui en sont privés de manière arbitraire, vont souffrir pendant des siècles et des siècles – sans mariage, sans travail, sans argent, sans prospérité, car tout cela a été mystiquement volé !

Confack

Je vous remercie pour ce très grand éclairage ! J'en suis heureux ! Je ne le savais pas. Je comprends que les études postmodernes que vous avez faites à l'université vont délivrer ce village de la malédiction chronique ! Le peuple périt faute de connaissances ! *(Se retournant vers les autres jeunes),* maintenant que nous sommes suffisamment édifiés là-dessus, nous allons combattre avec la dernière énergie les lieux sacrés et l'hypocrisie de nos parents. Je comprends même que certains de nos ancêtres nous ont piégés avant de mourir. En mourant, ils n'avaient pas les mains pures et que certainement ils souffrent en enfer aujourd'hui. Nous allons remonter le temps pour qu'on comprenne comment ces égarements et ces pièges sataniques ont commencé. En effet, pour détruire une mauvaise plante, il faut s'attaquer à ses racines. Ce problème ne peut être résolu à moitié : il sera, et au plus vite, résolu entièrement afin qu'on n'en parle plus ! Il faut que notre jeunesse jouisse de son intelligence en l'utilisant pour trouver et créer des emplois par lesquels nous allons développer pragmatiquement ce village. La sorcellerie, les lieux sacrés sont ennemis du progrès et de l'intérêt général. Ils méritent d'être démantelés.

Le littéraire postmoderne

Je te remercie pour ton sens de discernement et de forte compréhension ! Tu es un véritable président des jeunes et un modèle, un repère pour ce village. C'est raisonnable de comprendre que notre malheur vient des lieux sacrés et de l'état d'esprit approximatif de nos notables. Ensemble, nous allons combattre, comme tu l'as anticipé dans tes propos, ces lieux sacrés afin que notre vie soit saine : nous devons travailler avec nos diplômes et nos intelligences, nous devons être prospères et vainqueurs, nous devons nous marier et fonder des familles qui seront épargnées de la collecte d'étoiles !

Le philosophe postmoderne

Justement, le président des jeunes est un grand homme. Il milite pour l'intérêt général. Maintenant, il ne nous reste plus la date que nous allons fixer pour prendre en otage tous les lieux sacrés de ce village. Je pense qu'on peut commencer demain, on n'a pas du temps à perdre. Agissons au plus vite. Il faut battre le fer quand il est encore chaud. Chers jeunes, vous êtes les seuls artisans de vos vies. Et le plus grand combat qu'il soit dans la vie, c'est de nous assurer que notre vie spirituelle est en santé. Lorsqu'elle est piégée dans le champ de la sorcellerie, nous devons souffrir dans le monde physique. Il faut comprendre que c'est le monde spirituel qui commande le monde physique. Lorsque votre monde spirituel est protégé par Dieu, votre monde physique l'est également. Toutes les calamités que vous voyez se produire dans la vie physique ne sont que la conséquence de ce qui a été manigancé dans le monde spirituel, de jour comme de nuit.

Les jeunes

(Heureux, ils crient de joie)

Le président a parlé ! Les intellectuels postmodernes ont parlé ! Nous ne pouvons que vous suivre ! on va combattre jusqu'à la dernière goutte de sang. Vive la libération ! Vive la mort des lieux sacrés ! Vive le travail ! Vive la richesse ! Vive le mariage dans ce village ! Vive le développement collectif !

(Mais, pendant que cette assise s'achève en beauté, quelqu'un de la famille royale entre au foyer et tend une convocation aux deux intellectuels postmodernes : le chef vous invite à la chefferie)

ACTE II

Scène première

(Le chef reçoit les deux intellectuels postmodernes et les menace de mort, car il est interdit de perturber les lieux sacrés. Le littéraire et le philosophe se défendent et triomphent de la fornication royale : qu'on le veuille ou non, les lieux sacrés iront en fumée !)

Le chef

(Le chef réserve un accueil pas doux aux intellectuels)

Vous profanez la culture ! et pour cela, vous allez payer cher ! Vous prétendez que les lieux sacrés dans ce village portent atteinte à la jeunesse ? Quelle ignominie ! Comment procédez-vous pour le savoir ? Qu'est-ce qui explique une telle déclaration, une telle aberration ? Vous vous dites intellectuels, pourtant vous portez préjudice à la culture, à la tradition dont mes notables et moi sommes d'excellents gardiens. Pouvez-vous m'expliquer votre investigation ? Et vous êtes même allés jusqu'à intoxiquer la jeunesse de ce village par ces discours indécents, par ces billevesées ! Qui vous en a donné autorisation ? Vous vous arrogez le droit d'organiser des réunions sur mon territoire sans me consulter ?

Le littéraire postmoderne

En aucun cas, nous n'avons gâché la culture de ce village dont nous sommes tous membres, chef ! Je vous le dis en vérité, notre action intellectuelle est noble et vise à sauver la jeunesse du carcan. Vous êtes les gardiens de la tradition, j'y souscris ! Mais vous devez garder la tradition avec un minimum de lucidité ! Votre tradition, loin d'être un salut, est le cimetière de la jeunesse de ce village, chef. En tant que littéraire postmoderne, je vous le dis en direct : c'est ce que nous recommande la postmodernité ; on ne dissimule rien, on porte tout aux yeux de tous ! La vérité aujourd'hui c'est que, après maintes analyses, après avoir passé notre culture aux laboratoires de la déconstruction des savoirs, nous nous sommes rendu à l'évidence que les lieux sacrés ne sont pas les lieux sacrés, ce sont des lieux tuant les destins de la jeunesse, et cet acte odieux, vous ne l'ignorez pas du tout, en tant que chef ; c'est vous qui en êtes l'instigateur ! Tu complotes avec tes notables pour collecter tactiquement les étoiles des enfants de ce village afin qu'ils ne progressent jamais, afin que le village reste pauvre !

Le philosophe postmoderne

Tes notables et toi, vous êtes les apôtres de la pauvreté, de la misère des jeunes et de ce village. Vous n'aimez pas le progrès ! Pouvez-vous nous expliquer pourquoi depuis plus de quarante ans que la jeunesse de ce village va à la quête du savoir dans des lycées et des universités et ne parvient jamais à décrocher un emploi ? Et ne parvient jamais à manger ? et ne parvient jamais à manger ? ne parvient jamais à être indépendante financièrement, malgré ses trente ans, ses trente-cinq, ses quarante ans ? Pouvez-nous nous en expliquer, chef ?

Quelle en est la véritable cause, si ce n'est la sorcellerie tactiquement organisée par ton gouvernement et toi ? Vous devez nous répondre de manière claire !

Chef

Assez ! Assez ! Vous débordez déjà les limites ! Vous m'accusez de sorcellerie ? De quel droit dites-vous cela, jeunes gens ? Pensez-vous vraiment que nos jeunes trébuchent à cause des lieux sacrés de ce village ? Comment un roi intègre comme moi peut-il piéger les enfants dans les lieux sacrés ? Ne savez-vous pas que ceux-ci sont faits pour bénir le peuple au travers des sacrifices ? Si un jeune n'a pas de travail, qu'est-ce que vous voulez que je fasse ? Est-ce ma faute s'il n'est pas marié ? Et puis, qu'est-ce que vous voulez même développer dans ce village avec vos pauvres études que vous avez faites ? Est-ce que c'est vous qui dirigez ? C'est à moi, écoutez-moi bien, de décider naturellement de ce que tel ou tel peut faire dans ce village ! Vous me comprenez bien ! Et d'ailleurs votre point de vue ne compte en rien. Moi, chef de ce village, je fais de mon peuple ce que je veux. Qu'il progresse ou ne progresse pas, ce n'est pas votre problème ! Bref, personne ne doit s'attaquer aux lieux sacrés, si chèrement conquis !

Le philosophe postmoderne

Mais, chef, une chefferie ne devrait-elle pas être placée sur la voie du progrès des jeunes ? Comment pouvez-vous être indifférents face à la mauvaise situation des jeunes ? Preuve que vous en êtes l'auteur : c'est à cause de vous qu'ils ne progressent pas ! Vous les avez attachés dans des lieux sacrés ! Nous comprenons votre indifférence ! Toi et ton gouvernement, vous êtes des criminels, des sorciers, des fornicateurs, des tueurs, des hypocrites, des jaloux, des antiprogressistes, et que sais-je encore !

Le premier notable

Jeune homme, si vous continuez à insulter le chef, vous serez mis à mort ! Méfiez-vous de vos propos insensés !

Le littéraire postmoderne

Il n'a insulté personne, voyons ! Il ne vous dit que la vérité, qui doit d'ailleurs triompher dans une chefferie ! Vous savez, nous avons étudié la postmodernité à l'université pendant de nombreuses années. Et, en tant que postmodernes, nous sommes très attachés à la vérité ! Différents des romantiques, des preux chevaliers de l'antiquité, des marxistes, des saussuriens, des cartésiens, des structuralistes, des chefs d'Etats et de tous ces modernes qui passent leurs temps à chanter arbitrairement les louanges des rois afin qu'on leur donne à manger. Ce sont des individualistes, ils sont en quête d'intérêts personnels ; pourtant, nous, les postmodernes, nous sommes investis, et naturellement, de l'intérêt général. Aussi trouvons-nous intelligible et naturel de traiter de la question des lieux sacrés, qui ont pris en otage la vie et le bonheur des enfants de ce village. Nos réflexions reposent sur du concret ; nous ne sommes pas les artisans des chimères. Nous posons des problèmes concrets ; nous n'avons pas besoin de faire plaisir à qui que ce soit. Seule la vérité nous intéresse.

Le philosophe postmoderne

Evidemment, mon littéraire. Nous ne sommes pas ici pour jouer aux devinettes. Seule la vérité, comme l'a dit mon littéraire, nous préoccupe. Nous n'insultons personne. Dire que nous insultons les gens, c'est se livrer arbitrairement au trafic d'influence inutile. S'il y a une vérité évidente dans ce village que nous connaissons, que vous connaissez, que tout le monde connaît, c'est que les lieux sacrés sont un danger pour nous. Ils auraient pu être sacrés s'ils avaient gardé leur rôle de départ, à savoir, bénir le peuple ; mais aujourd'hui, il n'en est rien : instrumentalisée, la tradition signifie désormais voler tactiquement les valeurs des enfants dans le champ de la sorcellerie afin qu'ils ne deviennent rien dans leurs villages. Le chef doit savoir, et il le sait déjà depuis belle lurette, qu'il est entouré des illuminés qui, par méchanceté, sont à la quête d'intérêts personnels. Les notables, comme leurs ancêtres d'ailleurs, n'ont plus rien à perdre ; ils ont vendu leurs âmes au diable et peuvent détruire leurs enfants sans avoir la chair de poule !

Le deuxième notable

(Sentant que les postmodernes ne veulent pas lâcher le morceau, jette un regard au chef)

Où prenez-vous toutes ces informations, mes fils intellectuels ? Croyez-vous que vos parents que nous sommes sont-ils si légers tels que vous le prétendez ? Je vous invite à revenir aux bons sentiments !

Le chef

Voilà ! Mon notable a parlé. Ne risquez pas votre peau, mes chers amis. Ce problème que vous abordez, avec tant de légèreté, vous dépasse !

Le littéraire postmoderne

Votre impertinence ne nous choque pas ! Sachez que nous ne sommes pas dans l'illusion du réel ! Vous avez avalé les destins des enfants et vous allez les vomir afin qu'ils soient libres. Cela ne vous gêne même pas, car vous savez ce que vous avez fait. Les études postmodernes que nous avons entreprises nous permettent de tout savoir. Rien ne nous échappe !

Le chef

Qu'est-ce que vous voulez dire ?

Le philosophe postmoderne

Les lieux sacrés seront tous brûlés, dès demain matin. C'est non négociable !

Le chef

Vous devez faire attention ! Vous allez nous croiser sur votre chemin !

Le littéraire postmoderne

La postmodernité nous a formés à la maîtrise du monde spirituel. Aucune tactique mystérieuse ne nous est inconnue ! Préparez-vous au mieux.

Scène 2

(Les intellectuels postmodernes et les jeunes du village se retrouvent derrière la chefferie tôt le lendemain matin et entreprennent la mise au sol des lieux sacrés. Ils seront confrontés à quelques obstacles qu'ils maîtriseront)

Le littéraire postmoderne

Nous y sommes ! Que Dieu nous accompagne dans cette noble tâche ! *(S'adressant à la jeunesse)* Nous devons tout mettre au sol, chers valeureux combattants ! Vous êtes dignes de foi et de sanctification ! Aucun obstacle ne nous résistera.

Un jeune

(S'avançant vers une case sacrée.)

Je ne peux même pas épargner cette case !

Le littéraire postmoderne

Justement ! Bouleverse-la ! Elle nous sert à quoi ? Si ce n'est à piéger nos vies.

Un jeune *(Talonnant la case...)*

Un premier exercice réussi à cent pour cent !

Les jeunes *(Applaudissements)*

Vive la jeunesse ! Vive la force ! Vive la fin de la misère due aux lieux sacrés !

Le philosophe *(Air heureux)*

Ce jeune est efficace ! Notre action est plutôt un succès !

Les jeunes *(Le cours d'envoi du premier jeune donne le ton à tous les jeunes d'atteindre tous les lieux sacrés de la chefferie)*

Détruisez ! Détruisez-moi tout ça. *(En trois minutes, tout est au sol à l'aide du feu, des machettes, de toutes sortes d'objets nécessaires)*

Le littéraire postmoderne *(Faisant quelques révélations importantes)*

Voici une canarie enterrée renfermant la bible, l'argent, la photo du mariage, un stylo, une bougie, le savon. Comment voulons-nous travailler avec ces destins enterrés ? La bible enterrée signifie que personne ne réussira à prêcher la parole de Dieu et apporter la gloire dans ce village ; l'argent méchamment enterré signifie qu'aucun enfant ne sera riche dans ce village : l'argent c'est le sacrifice qu'un grand-père ou un marabout ou roi ou un membre quelconque de la famille a payé en prononçant le nom de tel ou tel enfant pour décider qu'il ne pourra rien faire, encore moins être riche ! La photo du mariage signifie que personne ne se mariera dans ce village ou bien qu'un garçon ou une fille ne peut se marier avant un certain âge tardif, peut-être 35 ans, 40 ans ou 45 ans voire 50 ans ! Le stylo enterré traduit la valeur scolaire des enfants volée par le démon du village (dans chaque village, il y a au moins un démon, dans chaque famille, il y a au moins un sorcier, qui perturbe de jour et de nuit). La bougie enterrée par la chefferie signifie qu'aucun enfant du village n'aura de lumière, de valeur, de bonheur. Le savon enterré traduit qu'en plus d'être fauchés, les jeunes ne seront jamais propres à la lettre et apparaîtront toujours comme des vieillards, malgré leur jeune âge. Voilà, chers jeunes, comment nos grands-parents, nos parents nous ont sacrifiés sur l'autel des lieux sacrés. Aussi avons-nous raison de les détruire !

Le philosophe postmoderne

Chaque acte maléfique que les notables posent dans l'ombre en prononçant nos noms ou en utilisant un morceau de notre tissu agit sur nous, tôt ou tard.

Le chef *(Surgissant)*

Que faites-vous ici ? Je vous ai dit de ne pas vous livrer à une telle pratique ? Vous êtes des profanateurs ! Que le diable vous conjure ! *(Il fait une prière dans une langue que personne ne comprend ; les jeunes commencent à courir partout dans les champs où les lieux sacrés viennent d'être détruits ; plus rien n'a d'âme ; les enfants entendent des voix mais ne voient personne qui parle !)*

Les postmodernes *(se mettent en prière intense)*

Les jeunes, mettons-nous tous en prière. Nous ne pouvons vaincre cette transe spirituelle et mystique entrainée par notre chef que par une prière acharnée. Vous savez que le diable horripile la prière.

Le philosophe postmoderne

Prions, prions ! Prions ! Prions ! Prions ! L'ennemi est vaincu !

Le chef

Quoi ! Quel ennemi ! Je suis votre ennemi ? Vous allez voir le feu ! Je vous le promets. *(Mais malgré ces menaces, les postmodernes et les jeunes parviennent à maîtriser les événements chamboulants : la prière triomphe du diable, au nom de Jésus-Christ !).*

Le littéraire postmoderne

Nous avons remporté cette bataille, tête haute ! *(Pendant qu'ils s'apprêtent à rentrer chez eux, une convocation arrive, tendue par une main : les jeunes sont invités au royaume).*

ACTE III

Scène première

(Le chef consulte les marabouts et les autres illuminés pour contrecarrer l'action délivrante des jeunes)

Chef

Oh ! mon maître marabout, c'est moi qui t'ai fait appeler. Je t'appelle pour une situation très sérieuse dans ce village ! Soit le bienvenu, dans cette prestigieuse chefferie !

Maître marabout

Merci, Sa Majesté, de m'avoir invité. Je suis à ton service, Majesté ; je suis déterminé à travailler pour toi : il faut que ce village, qui est entre nos mains selon la volonté de Dieu, ne soit perturbé par qui que ce soit !

Chef

Je savais que je pouvais toujours compter sur toi, grand marabout infaillible ! Tu sais, tu as du talent pour soumettre tout à ta volonté, je vais dire à notre volonté ou plus précisément à ma volonté !

Maître marabout

Tu peux t'en rassurer, chef. C'est la puissance que le bon Dieu m'a donnée ! Et j'en suis fier. Tout va bien se passer. J'ai appris qu'il y a dans ce village, ces derniers temps, des individus, qui se croyant intellectuels, croient qu'ils ont le droit de dire comment notre chère et belle tradition, si chèrement construite, va se dérouler ! Oh ! Bon sang ! Comment sont-ils encore en vie ? Comment ne m'en n'as-tu pas fait savoir plus tôt, chef ? J'aurais déjà résolu leur équation ! À cette heure-ci, on parlerait d'eux au passé !

Chef

J'apprécie favorablement ton sens de percevoir les choses, mon Très Grand Marabout. D'ailleurs, que puis-je sans Toi ? Voilà pourquoi je t'ai dit tout à l'heure que tu es doté d'un talent inestimable ! Sans que je ne te pose la question, sans même que je ne te dise rien, tu sais déjà ce qu'il y a lieu de faire. Tu vois que ce village ne peut pas exister sans toi ! Tu es indispensable, on ne peut se passer de toi. Voilà qu'on est déjà dans le vive du sujet : certains jeunes universitaires, comme tu l'as dit, se réclamant d'une certaine chose qu'ils appellent la postmodernité, ont brusquement débarqué – et sans permission – dans ce village et se sont mis à dicter leur loi ; ils estiment que nos Chers Lieux Sacrés seraient le cimetière de la jeunesse, que son destin ou son étoile y serait enterré – ce qui n'est pas faux, nous sommes cachés ici à la chefferie, nous sommes seulement deux, qui viendrait vérifier -, mais quel est le problème de ces intellectuels postmodernes ?

Maître marabout

On dirait qu'ils ont fait ce qu'ils appellent les études juste dans le but de s'attaquer à nous ! Mais, ils n'en triompheront pas, ils vont nous croiser sur leur chemin : ils seront mis à mort ! Sans jugement, puisqu'ils ont commis un crime grave et impardonnable !

Chef

J'y souscris. Un crime de la pire espèce : s'attaquer aux lieux sacrés, les plus hauts domaines de notre tradition culturelle, c'est se comporter en jardinier d'enfant ! C'est avoir le culot ! Quel courage, grand excellent marabout !

Maître marabout

Je me le demande, chef ! C'est incroyable ! On dirait que les esprits étaient restés endormis pendant la pénétration de ces prétentieux dans ce beau village.

Chef

Vraiment ! Crime d'autant plus impardonnable qu'ils sont entrés ici, non seulement sans accord du chef que je suis, mais également et surtout ils ont entrepris, et avec succès, de corrompre la jeunesse en lui inculquant à l'esprit la maudite idée selon laquelle les lieux sacrés seraient dangereux. Que diable ! Quelle ignominie ! Nous allons leur faire la peau ! Mon maître marabout, fais quelque chose !

Maître marabout

Ces littéraire et philosophe dits postmodernes-là, ils ont fait l'université où, mon chef ?

Chef

En ville, marabout.

Maître marabout

Je vais souffler la cendre là-bas pour que leur école-là s'arrête, pour que leur université-là ne fonctionne plus jamais !

Chef

Confiance, mon très grand esprit.

Maître marabout

Ils sont fils de qui ?

Chef

Ils sont fils de certains notables dans le village, je l'ai su, il y a deux jours, après enquête méticuleusement menée ! ils ne m'ont jamais dit que ces intellectuels qui viennent ici semer vent de panique étaient leurs progénitures ! Ces deux notables sont aux arrêts, ils seront mis à mort, sans aucune autre forme de procès. *(Il envoie chercher les deux notables).*

Grand marabout

Si je comprends bien, ces deux notables nous ont trahis !

Chef

Oui ! Il s'agit d'une haute trahison !

(Pendant qu'ils s'enflamment, les deux notables entrent)

Chef

C'est moi qui vous ai fait appeler.

Notables *(Répondant au même moment)*

Nous sommes déjà là, Majesté !

Chef

Eh bien ! Qui sont ces deux intellectuels qui menacent depuis quelques jours dans cette contrée ? Pouvez-vous me le dire, sincèrement ?

Notable postmoderne 1

Chef, vous savez que je suis un notable postmoderne. Le littéraire postmoderne, c'est mon fils. J'ai eu l'idée, après son Bac, de l'envoyer à l'université pour des études littéraires postmodernes qui pourraient changer de manière efficace le monde. Et il y a réussi de la plus belle des manières, chef.

Notable postmoderne 2

J'ai toujours été un notable postmoderne, chef. Le philosophe postmoderne, qui a une très bonne conduite depuis son accession à l'université, est mon fils.

Chef

Vous êtes des notables postmodernes depuis quand ? Et qu'est-ce que ça veut dire ces charabias ? Et pourquoi ne m'avez-vous jamais dit qu'ils sont vos fils respectifs ? Si je comprends bien, c'est une déclaration de guerre alors ? Et vous m'avez trahi ! Gravement trahi ! Vous avez trahi la chefferie et tout le village ! Nous savons tous que nos lieux sacrés ont attaché spirituellement et mystiquement nos enfants du village afin qu'ils ne bougent jamais, et pourquoi êtes-vous allés le dire à vos enfants intellectuels ?

Notables postmodernes

Nous ne leur avons rien dit, chef.

Chef

Vous me prenez pour un aliéné mental ! C'est ça ? Vous allez le regretter. Alors, si vous ne leur avez rien à propos de l'instrumentalisation de nos lieux sacrés, comment en ont-ils eu toute l'information ? Peut-être que, par hypocrisie, vous seriez allés les détacher en catimini des lieux sacrés et de notre champ de sorcellerie !

Notables postmodernes *(Ils se regardent ; une personne parle pour deux)*

Rien de tel ne s'est produit, chef ! Nous ne pouvons pas vous trahir, majesté.

Chef

Vous continuez de mentir ! Il est avéré que, dans ce village, comme nous nous sommes entendus, aucun enfant ne devrait être envoyé à l'université ; et même s'il y parvient, que son intelligence soit hermétiquement bloquée afin qu'il ne soit jamais intellectuel. Voilà que vous avez piétiné cette loi fort intéressante et avez fait triompher vos enfants postmodernes qui viennent aujourd'hui nous dicter leurs lois intellectuelles ! Justement, depuis que ces deux jeunes gens ont débarqué, le village tremble vraiment sous l'effet de leur pensée postmoderne, moi-même j'en suis convaincu ! Vos enfants ont réussi, mais les nôtres alors ? Regardez ma chefferie, mes propres progénitures ne sont rien : beaucoup n'ont pas franchi le certificat ou le brevet ; on avait décidé tout ça ensemble, mais vous avez brisé la loi en envoyant les vôtres plus loin dans la vie ! Finalement, les autres notables et moi, nous sommes perdants. Vous serez châtiés pour cette haute trahison !

Notable postmoderne 1

Chef, vous savez que Dieu est capable de dévier les décisions de satan, malgré notre volonté de sorcellerie. Nos enfants auraient été exaucés de manière naturelle et extraordinaire par Dieu, que nous n'aimons pas pourtant. Il n'y a pas de raison que nous soyons châtiés, voyons !

Notable postmoderne 2

Chef, tu sais que satan ne gagne pas toujours ; il peut arriver qu'il perde le combat contre Dieu ! Vous voyez que ce n'est pas notre faute.

Chef

Assez de ce mensonge ! Maître marabout, fais quelque chose afin que ces deux individus n'existent plus !

Maître marabout

Ma prophétie me dit que ces deux notables vont mourir ! Ils ont hautement trahi le palais royal. Ce qui ne se fait pas ! Chef, ne t'inquiète pas. D'ici demain ils n'existeront plus ! Ainsi que leurs deux enfants intellectuels ! Ce village ne peut pas être dirigé par des intellectuels ! Non et non ! Il ne peut être dirigé que par le chef, des notables et des marabouts !

Chef

Je te remercie, maître marabout.

(Pendant que le chef suspend les débats, il envoie convoquer tous les jeunes du village)

Scène 2

(Le chef du village prêche un discours qui souffle la malédiction sur les jeunes. Ils seront désormais confrontés au mur de Jéricho.)

Chef

Pourquoi avez-vous aveuglement adhéré aux illuminations que vous ont proposées certains jeunes qui, par erreur, sont devenus intellectuels ? Je vous pose rigoureusement la question. Croyez-vous que nos lieux sacrés, qui nous ont toujours bénis, même si, rarement, nous avons la chance de réussir dans ce village, sont vraiment mauvais ?

Confack, président des jeunes

Merci pour la question, chef. Je prends la parole en qualité de président des jeunes de ce village, comme vous le savez, ton gouvernement et toi. Chef, regardez vous-même partout dans ce village ! Le foyer que nous avons commencé à construire n'a jamais abouti, les maçons n'ont pas été payés à leur juste valeur ; aussi ont-ils abandonné le chantier, avec raison, ça vous le savez. Regardez la route de la chefferie, elle ne ressemble à rien. Regardez les jeunes de ce village dont certains membres sont partout en ville : on a des filles de 45 ans qui n'ont jamais enfanté ; elles n'ont même pas d'époux malgré leur beauté et leur volonté de trouver un partenaire. Il en va de même pour les hommes ! Chef, comment veux-tu qu'une femme ou un homme de 45 ans qui n'a jamais enfanté soit fier de développer ce village ? Regardez les foyers du village, c'est la bagarre partout, la haine, l'hypocrisie entre les membres d'une même famille, la haute jalousie, la fornication (on voit des hommes qui courtisent les femmes de leurs propres frères !). On voit certaines personnes qui donnent l'impression d'être riches et veulent soumettre tous les autres à leurs lois arbitraires, alors mêmes qu'ils n'ont rien en termes d'argent. Qu'est-ce qui est à l'origine de tout cela, chef ? Ne serait-ce pas la sorcellerie entretenue derrière votre dos par des gens qui t'entourent ?

Chef

J'avoue que je suis embarrassé de votre question, président. Mais, je peux vous rassurer que vous vous faites les idées pour rien. Cette imagination incommensurable ne peut être que l'effet des vains discours que ces deux intellectuels vous ont tenus. D'ailleurs ils sont aux arrêts.

Confack

Non chef, je crois qu'ils ne le devraient pas, d'autant plus qu'ils ont entrepris une belle action, celle de diffuser le savoir sur la cause exacte de l'arriération des jeunes de ce village.

Chef

Et quelle est cette belle action ?

Confack

Ils ont délivré les jeunes des lieux sacrés, majesté ! N'est-ce pas une belle action ?

Chef

Je commence à comprendre que toi, tu es d'accord avec ces ignominies impulsées par ces deux impies. Mon ami, tu t'engages sur une pente très glissante ! Tu seras loin de t'en sortir. Tu seras toi-aussi mis aux arrêts ! Je pense que…

Jeunes *(Lui coupant la parole)*

Non, chef ! Tu ne peux pas faire cela. Notre président, qui est d'ailleurs doté de pertinentes idées, ne peut être mis aux arrêts.

Une petite fille *(Intervenant brusquement et avec précision)*

Non, chef ! Nous ne sommes pas d'accord. Si tu fais ça, nous allons entrer en rébellion contre vous ! Et vous allez suffoquer.

Chef *(Tentant de dire quelque chose)*

Ecoutez …

Un petit garçon *(Coupant la parole au chef)*

Nous allons défendre notre président jusqu'au bout, même s'il faut se sacrifier. Ces lieux sacrés, qui vous tiennent tellement à cœur, nous les avons systématiquement mis à rude épreuve ! Ils ont déjà disparu, ils n'existent plus !

Tous les jeunes *(Acclamations et cris de joie dans la foule)*

Bonne idée ! Bonne idée ! Bonne idée ! Bonne idée !

Le chef *(Passant à la vitesse supérieure)*

Vous êtes tous maudits ! Allez au diable ! Dieu ne vous le pardonnera pas ! La vie de tous les jeunes de ce village, qui est sous mon autorité, va noircir pendant trois décennies !! Je vous le dis, en vérité !

Confack

Ton clan et toi, vous nous sacrifiez une fois de plus ! Cela ne finira pas comme ça !

ACTE IV

Scène première

(Pendant que les enfants purgent une peine de malédiction à eux infligée par les ancêtres et leurs parents siégeant à la chefferie, Moïse arrive pour les sauver. Il est envoyé par Dieu, le tout puissant.)

Moïse

(Devant le peuple : il marque sa toute première présence par quelques miracles.)

Oh ! ce peuple souffre depuis longtemps ! Vous souffrez de la malédiction qui vous est infligée depuis des siècles par vos ancêtres et qui aujourd'hui est embranchée par vos parents qui rodent à la chefferie du matin au soir. Mais je suis venu essuyer vos larmes, aujourd'hui. C'est Dieu qui m'envoie ! On ne va pas vous dire, mais vous allez voir vous-même ce qui va se passer ! Toi, viens ! (un jeune garçon de 23 ans s'avance vers lui ; il étend sa main sur son front.) Il y a les démons en toi !

Jeune garçon

En moi ?

Moïse

Oui ! en toi, bien sûr !

Jeune garçon

Comment ça, j'ai les démons en moi ? Ils sortent d'où ?

Moïse

Dès ta sortie du ventre de ta mère le 22 février 1998, ton étoile avait été arrachée par celles qui avaient accompagné ta mère à l'hôpital. Aujourd'hui, tu es étudiant mais rien ne marche dans ta vie. Tu as fait le Baccalauréat pendant quatre années avant de l'avoir. Pourtant tu es intelligent, Dieu t'a béni ! Mais tu souffres, non pas à cause de Dieu, mais à cause des hommes hypocrites, jaloux, méchants et qui veulent remplacer Dieu ! (Se retournant vers le peuple) Vous savez que l'ennemi ne vient jamais de loin ; il est toujours dans la famille ; il mange chaque jour avec nous ; mais nous ne le savons pas ; mais aujourd'hui il nous est donné l'occasion de le savoir. Vous savez que ce qui tue l'homme, ce n'est pas le mal ou la sorcellerie, mais l'ignorance de toutes ces choses. Le peuple périt faute de connaissances. Une fois que vous savez qui est votre ennemi, vous ne pouvez plus mourir de lui. Vous l'évitez et vous pouvez même l'anéantir ! *(Se retournant vers le garçon)* Alors ce garçon a été fauché par son père et la coépouse de sa mère qui complotent derrière eux tous les jours et toutes les nuits. Chaque fois qu'il compose le Baccalauréat, c'est la coépouse de sa mère qui le corrige mystiquement et le fait échouer ; pourtant le garçon compose toujours bien. *(Etonnement du peuple).* Le démon qu'on a placé en toi est un démon d'échec. Comme le peuple d'Israël a été confronté au mur de Jéricho et soumis en esclavage pendant plus de quatre cents années, ton père et sa première femme t'ont confronté à un mur d'échec : ils disent que même si tu as pu avoir des diplômes, tu ne t'en serviras pas, tu n'auras jamais le travail, à défaut tu n'auras toujours qu'une mauvaise percée ; tu ne seras jamais à une bonne place. Ton destin a été volé, de manière tactique. Cette révélation que je vous fais ce matin vient de Dieu. Je sers un Dieu qui ne trompe pas, qui révèle toujours des choses mystérieuses exactes !

Le peuple *(Se réjouissant et chantant)*

Vive Jésus ! Merci de nous avoir envoyés cet excellent homme de Dieu. Il nous sauve la vie. Nous commençons à comprendre pourquoi nous sommes piégés depuis longtemps. *(Il chante)* Tu es seigneur, tu es seigneur ! tu es seigneur ! tu es le Roi ! tu es le Roi ! tu es le Roi ! Comment ne pas te louer, Seigneur ! Comment ne pas te louer, Seigneur ! Comment ne pas te louer, Seigneur ! Seigneur, Jésus ! tu es le meilleur !

Moïse

Je suis venu vous délivrer aujourd'hui des lieux sacrés, qui pendant longtemps, vous ont retenu captifs. Vous êtes délivrés au Nom Puissant de Jésus ! Je remercie déjà les intellectuels postmodernes d'avoir amorcé cette tâche de délivrance. Ils ne sont pas venus d'eux-mêmes ; c'est Dieu qui les a envoyés pour me préparer le terrain ; peut-être qu'ils ne le savent pas. Leur recherche scientifique sur la postmodernité littéraire et philosophique sert à quelque chose. La pensée littéraire et philosophique postmoderne n'est pas une simple pensée, c'est la pensée de Dieu lui-même, puisqu'elle répond au plan de Dieu : équilibre des forces de la nature, l'expression du réel tel qu'il est, l'humilité chez l'être humain, (contrairement à certains illuminés chercheurs qui se croient maîtres et possesseurs de la nature), le sujet-en dialogue, le refus du dérobement de l'origine. Ils seront mes disciples bien qu'ayant une formation intellectuelle postmoderne. *(Applaudissements du public).* Toi, viens (une femme s'approche de lui) Tu n'as jamais accouché.

Femme

C'est vrai, Papa Joseph Moïse. J'ai cherché l'enfant pendant longtemps, mais pas moyen !

Moïse

Je suis venu aujourd'hui avec la solution. Tu vas enfanter ! Tu vas enfanter ! Je te le dis en vérité ! Dieu a prévu beaucoup d'enfants pour toi, mais le diable les a interceptés. Aujourd'hui, nous allons prier et les barrières qu'on a placées dans tes trompes vont se briser, au nom de Jésus ! Toutes les barricades vont être broyées, aujourd'hui. Dieu, après tant d'années de souffrances, a eu pitié de vous. Sa miséricorde va descendre sur vous et vous serez délivrés des malédictions ancestrales et bénis à jamais. *(Il entonne une chanson chrétienne : ça c'est mon annéee, mon annéee, ça c'est mon annéee, mon année pour célébrer !!! tout le peuple chante avec lui... Après quoi il se dirige vers la chefferie pour consulter systématiquement le chef selon l'ordre de mission de Dieu.)*

Chef *(Assis sur la véranda, se brossant les pieds)*

Qui arrive là ? Qui êtes-vous ? *(Se présentant quelque chose d'anormal en lui ; son corps tout tremblant, comme signalant une attitude de menteur et de criminel spirituel ; il continue de poser des questions sans arrêt à l'arrivée de Moïse ; il titube, il bégaie, comme interloqué.)* Tu, tu, tu... tu fais...fais... fais quoi...quoi...quoi chez moi ? On ne vient ici à la chefferie sans demander la permission.

Moïse *(Percevant depuis longtemps son attitude perturbée)*

Je suis Joseph Moïse. C'est Dieu qui m'envoie. Vous pouvez comprendre que j'ai demandé la permission depuis ! Il ne m'est pas possible de décider de venir chez vous, chef ! J'ai reçu l'ordre de cette visite de Dieu. En priant, Dieu m'a révélé cette chefferie, où les destins des enfants sont enterrés, et notamment dans des lieux sacrés ! Est-ce que tu peux gentiment libérer ces enfants, qui sont tenus captifs dans ces lieux sacrés ? Un mois auparavant, les intellectuels postmodernes sont venus vous avertir à ce sujet, mais tu ne les as pas écoutés ! Tu devrais les écouter. Peux-tu m'écouter, au moins ? Dieu te commande de libérer les enfants, afin qu'ils aillent vers la grande marche du monde.

Chef *(Frustré)*

J'avoue que je ne vous comprends pas bien.

Moïse

Il y a de quoi tu vas être perturbé.

Chef *(Croyant tromper Dieu)*

Je n'ai tenu personne captif dans mon village, voyons ! De quels enfants parles-tu ? Les enfants de mon village sont bien. Ils n'ont pas de problèmes. Nous sommes un village émergeant !

Moïse *(Souriant)*

Ne crois pas que ton durcissement dépend de ta seule volonté ; c'est Dieu même qui te durcis le cœur ! Pour faire manifester sa Gloire ! Dieu t'ordonne de libérer les enfants, sinon ta chefferie sera envahie par quatre jours de pluies ininterrompues ; les cases seront mouillées, inondées d'eau, vos lits seront mouillés. Et après cette pluie, Dieu me dit que le seul cours d'eau qui est derrière votre chefferie, au bas fond va sécher. Vous libérez les enfants ?

Chef

Tu crois que ton Dieu-là peut me faire ça ? S'il est fort, demande-lui de le faire ! Toi un petit gars comme ça, tu viens m'intimer les injonctions ! Je te rappelle que je suis un chef de premier degré, monsieur, et je suis en de très bons termes avec le gouvernement de la République. Tu ne peux rien ! Tu perds ton temps. *(Pendant qu'il continue de parler avec arrogance, le ciel s'obscurcit, puis les pluies, comme on n'en a jamais vu, se précipitent et inondent la chefferie pendant quatre jours. Après la famille royale et tout le village ont passé une semaine sans eau, car le ruisseau du bas fond a séché magnanimement. Dieu vient de manifester sa gloire. En esprit, Moïse était parti de la chefferie depuis longtemps. Il revient après le déluge.)*

Moïse

Chef, tu me reconnais ? C'est Joseph Moïse qui revient. Vous confirmez dans ce village la gloire et la puissance de Dieu, ou vous hésitez encore ?

Chef

Dieu soit. Mais quel est ce Dieu qui inonde ma chefferie et assèche mes eaux. Mon peuple et moi, qu'allons-nous boire pour étancher notre soif ? Ce Dieu n'est pas un bon Dieu. S'il était un bon Dieu, il ne nous ferait pas ça ! *(Si l'inondation s'en est allée après la pluie diluvienne, le lit du cours d'eau au bas fond de la chefferie est resté sec. Pas d'eau !)*

Moïse

Si tu le veux bien, je prie mon père qui est au ciel, et les eaux reviennent dans ton village !

Chef *(Soulagé)*

Je t'en prie, je t'en prie ! Prie-le afin qu'il m'envoie les bonnes choses ! Je vais mourir de soif !

Moïse

A condition que tu libères les enfants des lieux sacrés !

Chef

Comment ! Tu ne sais pas que ces lieux sacrés sont vraiment sacrés ? Selon Dieu personne ne devrait y aller pour réparer quoi que ce soit. Tout ce qu'on y a déjà effectué est irréversible et irrévocable ! On n'y peut rien. Mais je peux au moins te garantir que les enfants ici ne sont pas liés dans les lieux sacrés. Tu peux t'en assurer ! Sur ce plan, Dieu et la chefferie tombent d'accord. Dis à Dieu de m'envoyer de l'eau !

Moïse

Ne soit pas hypocrite. Comment veux-tu que Dieu t'exauce alors que tu ne veux pas être clair. Mais malgré cela, je demande à Dieu de t'envoyer un peu d'eau juste pour étancher ta soif ! *(Dès qu'il prie, les eaux commencent à couler : le peuple se réjouit).*

Chef

Je savais que Dieu ne me laisserait pas dans cette souffrance. *(Il parle avec douceur, avec respect, sans savoir pourquoi ; il est hypnotisé par le pouvoir divin).*

Moïse

Ce n'est pas encore la victoire. Tu vas mourir si tu ne délivres pas les enfants des lieux sacrés. Libère leur étoile de mariage, leur étoile de travail, leur étoile de prospérité financière ! Libère ces enfants, ou tu veux que Dieu manifeste encore sa gloire. Dieu est un Dieu de miséricorde, mais il peut décider de te mettre en difficulté mortelle, s'il le veut, si tu ne respectes pas ses commandements. Il est écrit que « Maudit soit celui qui frappe son semblable en secret ». Comme tu as frappé tes enfants en secret, tu le payeras cher. Il est aussi écrit que rien ne peut se cacher : Dieu révèle tout. Et aujourd'hui, il est confirmé que ton clan et toi avez détruit les destins des enfants. Tu plaides coupable ou non coupable ?

Chef

Je plaide non coupable, bien sûr. Un chef comme moi, chaud en plus, ne peut rien faire à un enfant !

Moïse

Que tu le veuilles ou pas, ce peuple sera délivré. Et tu verras ce qui t'arriveras ! *(Il sort de la chefferie. Dieu lui dit de créer une église au plus vite sur montagne et organiser une croisade qui va délier tout ce qui est lié à la chefferie).*

Scène 2

(À deux kilomètres de la chefferie, Moïse bâtit un temple et y conduit le peuple pour adorer Dieu. Tout commence par une croisade. Il est accompagné de ces nouveaux disciples, le littéraire postmoderne et le philosophe postmoderne).

Moïse

(Il prêche, il enseigne, il délivre…)

Nous lisons le livre Exode de la Bible. Il y est écrit que Dieu mandata un homme souffrant de l'esclavage d'aller délivrer les enfants d'Israël de la mauvaise main de pharaon d'Egypte. Ce dernier les tient en captivité depuis plus de quatre cents années. Depuis l'intervention de cet homme en Egypte, pharaon s'est affaibli et le peuple libéré à jamais. C'est pourquoi on parle de Dieu d'Israël, Dieu de Moïse ! De la même façon, Dieu, le Tout Puissant, m'a établi ici pour vous enseigner la parole et vous délivrer de la mauvaise main de certains de vos ancêtres, arrière grands-parents, grands-parents et parents. Ils vous tiennent en captivité depuis longtemps ; ils vous ont mis en esclavage, car vous n'avez pas de mari ou de femme à 45 ans ; vous n'avez pas d'emplois, malgré toute votre intelligence et toute votre volonté à trouver ou créer des emplois. Je suis venu aujourd'hui vous dire que tous ces problèmes qui taclent vos vies sont terminés. Vous devez essuyer vos larmes. Si vous n'avez pas d'habit de fête, allez en acheter un, portez-le et commencez à marcher partout avec élégance disant à vos ennemis que vous irez à leurs funérailles, manger et boire. Comme ils ont signé votre arrêt de mort, ils mourront avant vous ; vous ne mourrez pas avant votre jour que Dieu a décidé. *(Applaudissements et cris de joie dans la foule).* Après cette croisade, qui est sous l'ordre de Dieu, il y aura des morts ; tous ceux qui ont collecté les étoiles des enfants, les ont enterrées, et ne veulent pas confesser vont mourir quel que soit leur pouvoir ! D'ailleurs aucune puissance n'est au-dessus de la puissance de Dieu. Dieu est le roi des rois, le puissant des puissants. Il ouvre et personne ne peut fermer ! *(Cris de joies et louanges dans la foule).* Je suis venu avec deux serviteurs divins mandatés par le Dieu tout puissant : le littéraire postmoderne et le philosophe postmoderne. Quand Dieu les a appelés, ils n'ont pas hésité à comprendre que pensée intellectuelle postmoderne et pensée spirituelle se complètent. Le monde spirituel apparaît d'ailleurs comme le prolongement de la postmodernité amorcée par eux à l'université ; les deux visent le même but : l'objectivité et l'intérêt général. On peut donc comprendre que ceux qui adorent le marxisme, le structuralisme, le formalisme, le cartésianisme n'aiment pas Dieu, et par conséquent, n'aiment pas les humains auxquels la postmodernité a toujours attaché un très grand prix ! Dieu n'est pas égoïste, il a créé l'homme à son image et est donc pour toute l'espèce humaine sur terre. De même les postmodernes écrivent leurs livres à l'image de l'homme, en mettant au premier plan la valorisation de tout être humain sur terre. Contrairement aux structuralistes, cartésiens, marxistes qui créent la division, la panique, la terreur parmi les humains : ils trouvent que certains seraient plus importants que les autres ; ce qui est loin du plan de Dieu.

Le littéraire postmoderne

Je me prosterne devant Toi, cher Moïse. Je remercie Dieu pour cet esprit d'équité et d'amour objectif pour Dieu et donc pour les humains. Nous n'avons pas hésité à nous attaquer aux lieux sacrés, quand bien même nous n'étions pas encore appelés par Dieu. Et maintenant, nous nous réjouissons de savoir que Dieu nous a appelés dans la même lancée !

Moïse

Dieu soit loué !

Le philosophe postmoderne

Je me prosterne devant Dieu et devant Toi, cher Moïse ! je remercie Dieu de t'avoir envoyé pour nous conforter, enseigner et délivrer des lieux sacrés qui nous tiennent en captivité depuis longtemps. Que l'esprit sain soit avec nous, que Dieu étende sa main sur nous aujourd'hui afin que nous soyons bénis et délivrés de la main des clans de la chefferie de ce village. Nous sommes sur montagne, aujourd'hui ; nous servons Dieu d'un seul cœur et le résultat de cette croisade sera, j'en suis convaincu, excellent. D'ailleurs les faits vont parler d'eux-mêmes. Vous, peuple de Dieu, vous êtes bénis !

Peuple

Amen ! Amen ! Amen ! Amen ! Amen ! Amen ! Amen!

Moïse

Gloire à Dieu, mon philosophe et mon littéraire prophètes postmodernes. Dieu vous bénit pour votre courage. Vous ne vous êtes pas laissé faire, même à la chefferie devant le chef ! Vous avez imposé l'ordre de Dieu. Lequel a, valablement, été suivi de tous les enfants de ce village. *(Il commence à prier intensément ; les gens tombent dans la foule)*. Je vous délivre au nom de Jésus ! Toutes les maladies et malédictions qu'on a placées en vous sont brisées par le feu et le sang de Jésus. **Soyez bénis ! Allez en paix ! Prospérez !**

(Après avoir délivré le peuple des démons, il continue à enseigner)

Moïse

Peuple de Dieu, écoutez-moi bien. Chaque chose dans la vie a son revers. Il y a de bonnes églises, et il y a aussi de mauvaises églises. Vous devez faire attention et très attention. Il y a des gens qui vous disent qu'ils sont envoyés par Dieu alors même que c'est très faux ; ils n'ont jamais eu la moindre révélation de Dieu ; et ils passent leur temps à tromper le peuple. Qu'ils aillent au vent et que Dieu les maudisse pour des siècles et des siècles ! Il hors de question que l'on utilise le nom de l'Eternel pour mentir aux enfants de Dieu. C'est un acte impardonnable, car ignominieux. Mais, moi Moïse, je ne sais pas pourquoi le peuple est trompé tout le temps par des charlatans ; pourtant il très facile de détecter un faux prophète ou un faux pasteur : un faux homme de Dieu ne fait jamais de miracles, puisque Dieu ne lui donne jamais la révélation et la puissance pour le faire. Un homme de Dieu n'est pas seulement un homme de parole, mais un homme de puissance : il doit produire des résultats concrets en guérissant le peuple de ses maladies, en lui restituant ses étoiles tactiquement égrainées par les sorciers de la chefferie. C'est ce que nous, les prophètes intellectuels et moi, venons de faire. Gloire à Dieu ! Mais il y a une autre catégorie de prophètes menteurs difficiles à discerner : ceux-là font des miracles, mais la source de leurs miracles n'est pas ordonnée par Dieu ; ils donnent l'impression que c'est Dieu qui leur donne la puissance alors qu'il n'en est rien ! Moi, prophète de Dieu, l'Eternel me révèle la fausse source de leurs miracles : ils remplissent certaines conditions maléfiques soit en tuant des bébés qu'ils enterrent sous leurs autels, soit en allant pactiser avec des esprits démoniques ailleurs. Vous voyez qu'on ne peut verser le sang et être un bon pasteur ! Par ailleurs, les traditions de nos villages ne sont pas mauvaises ; elles sont hautement recommandées à chaque citoyen. Sauf que dans aucune tradition dans ce monde, Dieu n'a recommandé les statuettes devant représenter un Dieu quelconque. Dieu n'est pas physique, il n'existe qu'en esprit ! et nous devons l'adorer en esprit ! Nos lieux sacrés, en réalité, ne sont pas mauvais : s'ils pouvaient incarner un temple de bénédiction des enfants en esprit, ce serait une bonne chose. Sauf qu'ils ne sont plus aujourd'hui qu'un prétexte de la sorcellerie, car ils sont instrumentalisés par les notables et les chefs aux gros ventres ! Ils y enterrent tactiquement les destins des enfants ! C'est pourquoi je vous conseille aujourd'hui de ne plus jamais vous rendre dans ces lieux sacrés-là. Ce sont des lieux de mort ! Adorez Dieu partout où vous vous trouvez : on n'a pas besoin de se rendre dans un lieu sacré ou dans une église pour adorer Dieu ; on peut l'adorer souverainement partout. Un dernier point : les marabouts. Ils sont devenus dangereux, car ils révèlent bien votre situation qui vous dérange, mais ne vous disent jamais ce qu'il faut faire pour y mettre un terme ; pourtant ils le savent bien : ils veulent se faire de l'argent, ils calment juste votre situation pour que quelques jours après vous reveniez les voir, munis d'un peu d'argent ! Vous devenez l'arbre sur lequel ils vont récolter des fruits à tout moment. C'est pourquoi les marabouts ne sont pas différents des structuralistes, des marxistes, des cartésiens et des formalistes, qui ne sont jamais qu'à la quête de leurs intérêts personnels, égoïstes, comme en discutaient un jour le philosophe et le littéraire postmodernes à l'université (je n'étais pas encore dans ce pays, mais je les ai vus en songe). *(Vive la vision prophétique !! dit le peuple. Les deux penseurs prophètes se regardent et acquiescent en signe de tête).*

Donc pour conclure cet enseignement, moi, Joseph Moïse, je vous dis une fois pour toutes que si vous avez un problème mystérieux, ne vous rendez jamais chez un marabout, rencontrez plutôt un **BON Pasteur**, je dis bien un **BON**, et posez-lui votre problème ; vous aurez une bonne solution après délivrance ! en bon entendeur salut !

(Ils passent à la dernière prière : privilège est donné aux intellectuels prophètes)

Le littéraire postmoderne prophète

(Demandant au peuple de se mettre debout et répétant après lui)

Que toute personne ayant entretenu l'instrumentalisation des lieux sacrés meure, au nom de Jésus !

Peuple

Que toute personne ayant entretenu l'instrumentalisation des lieux sacrés meure, au nom de Jésus !

Le littéraire postmoderne prophète

Que tout sorcier venant de la chefferie ou de n'importe où et qui a sacrifié les enfants et leurs destins tombe et meure par correction, par le feu et par la puissance de Dieu, au nom du Seigneur Jésus Christ !

Peuple

Que tout sorcier venant de la chefferie ou de n'importe où et qui a sacrifié les enfants et leurs destins tombe et meure par correction, par le feu et par la puissance de Dieu, au nom du Seigneur Jésus Christ !

(Le philosophe postmoderne prophète prend le relai)

Le Philosophe Postmoderne Prophète
(Glorifiant Dieu et demandant à l'assistance de prononcer après lui)

Que tout temple de sorcellerie dans ce village prenne feu, au nom de Jésus !

Peuple

Que tout temple de sorcellerie dans ce village prenne feu, au nom de Jésus !

Le philosophe postmoderne prophète

Dieu tout puissant, que tout lieu sacré où les notables ont enterré les étoiles des enfants de ce village prenne feu, au nom de Jésus !

Peuple

Dieu tout puissant, que tout lieu sacré où les notables ont enterré les étoiles des enfants de ce village prenne feu, au nom de Jésus !

Le philosophe postmoderne prophète

Feu !

Peuple

Feu !

Le philosophe postmoderne prophète

Feu !

Peuple

Feu !

Le philosophe postmoderne prophète

Feu !

Peuple

Feu !

(Avant de quitter le temple, les deux intellectuels, sous l'ordre de Moïse, font un petit enseignement chrétien)

Le littéraire postmoderne prophète

(Se tournant vers le peuple)

Vous devez le savoir, il y a le vrai christianisme et le faux christianisme. Le vrai est celui que Joseph Moïse et nous pratiquons devant vous aujourd'hui. Pourtant le faux est celui pratiqué par les colons français en Afrique, car la parole prêchée par eux n'était qu'un prétexte d'annexion de nos terres et de division.

Le philosophe postmoderne prophète

(Ajoutant de l'eau au moulin du littéraire)

Oui, le christianisme prêché par les colons n'était qu'un instrument d'aliénation culturelle. Non seulement ils nous ont dépossédés de nos terres, mais également et surtout ils ont pris nos cultures en otage. À travers leur christianisme, ils ne visaient pas à délivrer les Africains des démons, mais à piller. Pendant que nous, on écoutait la parole par eux prêchée, eux ils pillaient ! Et avant que la parole ne finisse, nos minerais étaient déjà en Europe. Donc le christianisme occidental pendant la colonisation était instrumentalisé tout comme aujourd'hui nos parents ont instrumentalisé nos lieux sacrés, leur ôtant toute valeur ancestrale, traditionnelle, culturelle et donc ôtant le développement ! Mais, je vous le dis en vérité, le moment viendra, et il est déjà venu, où nos parents siégeant à la chefferie supérieure à longueur de journées vont le payer extrêmement cher, ils vont sentir le feu sous les braises ! Vous voyez la prière de ce jour, elle aura des effets comme on n'en a jamais vu dans ce village. Dieu nous signale déjà que pharaon et son clan dans ce village vont mourir. Et ce village va enfin décoller ! Enfin !!!

Une autre précision que je voudrais porte sur des débats inutiles autour de Jésus Christ et son origine. Il y a des individus, les sorciers et les non croyants, qui estiment que le christianisme n'est pas juste parce que Jésus est Blanc. Ils aimeraient qu'il soit Noir ou Rouge ou jaune, bref ils aimeraient qu'il appartienne à leur race. Mais moi je me demande comment les gens peuvent discuter la volonté de Dieu, L'Eternel des Armées. Jésus est le seul enfant dont Dieu a fait son fils unique ; et il l'a établi Roi du monde, le seul intermédiaire entre l'Eternel des Armées et les humains, entre le ciel et la terre. Jésus est Juif, et les Juifs sont des

Blancs. Comment voulez-vous que le Christ soit Noir alors qu'il est le seul Juif à qui Dieu a accordé le pouvoir de délivrance des hommes. Dieu a établi Jésus comme le Roi du monde comme il aurait pu en faire de même pour un Africain ou Américain ! Qui l'aurait discuté ? On comprend que cette discussion, qui n'est qu'un prétexte du racisme dans ce monde et même de la mauvaise foi de certains individus, est absolument vaine.

ACTE V

Scène première

(Le village se réveille, agité. Deux baobabs dans la forêt très sacrée de la chefferie se sont arrachés de nuit ! Et l'on apprend une certaine paralysie du chef dans une rumeur pâle, silencieuse, muette, mais éloquente).

Komfo *(Allant puiser de l'eau tôt le matin, accompagnée de son petit frère Afack)*

Un vrai miracle ! L'arbre est tombé et a barré la route !

Afack

Un vrai miracle ! Cet arbre s'est arraché comment ? Alors même que le vent n'a pas soufflé !

Komfo

Je te dis ! Aucun vent, la nuit ! Mais pourquoi cette histoire ?

Afack

On va passer par où pour aller chercher de l'eau ?

Komfo

Il faut qu'on retourne à la maison annoncer la triste nouvelle ! *(A la maison, ils annoncent la nouvelle à leurs parents et grands frères ; ils accourent pour s'enquérir de la situation).*

Le père

Vous comprenez ce qui se passe mes enfants ? Ce qui se passe n'est pas anodin, ce qui se passe n'est pas simple. Cet arbre qui est tombé est un signal fort.

Les enfants *(Inquiets)*

Comment, papa ?

Le père *(Interprétant en qualité d'homme mur)*

Ce signal est sans doute le résultat de la croisade organisée hier, sous l'ordre de Dieu, par Joseph Moïse et les deux intellectuels postmodernes prophètes.

La mère

J'avoue que je ne te comprends pas !

Le père

Oui, je suis pourtant clair. Vous devez comprendre que la prière soulève les montagnes comme on le dit très souvent ! L'histoire de ce village va changer. Vous allez voir ! D'ailleurs, les deux intellectuels prophètes, avant de conclure la prière hier soir, l'ont annoncé ; qu'il y aura certains signes dès ce matin et que même le chef pourrait mourir, compte tenu des maux qu'il a commis et ne veut pas s'en confesser malgré les mises en gardes des intellectuels et de Joseph Moïse ! Je suis un peu mur et je suis mieux placé pour comprendre ce qui s'annonce déjà. C'est la fin des temps, c'est le début de la fin, c'est la fin de la souffrance, c'est la fin de la malédiction dont souffrent les enfants de ce village.

La mère

Hummmm ! Je commence à comprendre. Votre père a raison ! Je n'ai pas bien compris le message de Moïse et des postmodernes prophètes. Je commence à comprendre. Désormais, nous devons beaucoup prier dans ce village ; seule la prière nous mettrait à l'abri du danger, à l'abri des lieux sacrés, à l'abri de la sorcellerie !

Le père

Voilà ! Quand tu comprends les choses comme ça, je suis content de toi ! Tu es une vraie épouse ! Je suis un des rares pères dans ce village à avoir suggéré à une époque lointaine que les lieux sacrés seraient instrumentalisés ; les gens ne m'ont pas compris, surtout les gens proches de la chefferie ! Mais aujourd'hui, les faits me donnent entièrement raison. C'est pourquoi, tout à l'heure, je n'ai pas hésité à comprendre le signal donné par le baobab tombé en pleine nuit alors même qu'il n'y avait pas vent. Ce mystère ne contribue qu'à glorifier Dieu ! Les enfants, vous devez passer par l'autre parcelle pour aller chercher de l'eau potable.

Les enfants *(Bifurquant à gauche et trouvant un autre grand arbre tombé)*

Papa, voici un autre baobab ! Nous sommes encore bloqués !

Le père *(Descendant avec précipitation pour constater les faits de la nature)*

Il est si grand ! Dieu est fort, les enfants. Vous allez voir ce qui va se passer dans ce village. Tous ceux qui ont détruit les jeunes par la sorcellerie vont payer leurs actes : ils vont mourir ! Que Dieu soit glorifié ! *(Retournant à la maison, le père rencontre son voisin, un pro-chefferie, allant viner)*

Le père

Bonjour voisin, comment tu vas ?

Voisin

Les choses vont mal. Les temps ne sont pas bons. On dirait qu'un sort s'acharne contre le chef du village. Nous avons passé la nuit sans dormir à la chefferie ! Le chef est à un centimètre de la mort ! Il est paralysé ! Et on ne comprend pas l'origine de la maladie mortifère dont il souffre. Il souffre le martyr ! Dieu seul pourrait lui accorder grâce !

Le père

Que c'est grave ! Comment notre chef peut-il mourir ! Que diable ! Non, non, ça ne peut pas se passer ainsi ! Mais, quand on a passé sa vie à faire du mal aux enfants d'autrui, on ne peut s'attendre qu'à une telle souffrance mortelle ! Mon voisin, je te le dis en vérité, notre chef est doté d'une méchanceté extrême ; il dirige un village qu'il n'aime pas. Son règne a servi à quoi ? Pas de route dans le village, pas de plantation, pas de point d'eau, pas de foyer, pas d'amour pour son prochain ! Rien ! Un règne de misère, de pauvreté infligée aux autres sous l'effet des pouvoirs magiques entretenus dans des lieux sacrés !

Voisin

Tu as raison, mon frère ! Moi-même, en tant que notable, je tremble déjà, car nous avons passé le temps à le soutenir dans ses clauses maladroites. Je regrette d'avoir servi dans cette chefferie ! C'est maintenant que je comprends que toute chefferie est forcément le temple de la sorcellerie et de la fornication ! C'est maintenant que je comprends que les intellectuels postmodernes ont eu le droit de saccager les lieux sacrés, où tous nos destins ont été piégés. J'apprends même à l'instant que la tante du chef est envoûtée, un de ses cousins parlant seul dans les rues de l'autre côté. Une de ses femmes a fait certaines révélations pendant la nuit.

Le père *(La langue calée dehors)*

Elle a dit quoi, mon frère ?

Voisin

Elle affirme que son mari la suffoque dans son sommeil ! Et je ne sais comment !

Le père

Ça commence à chauffer ! Toutes les vérités seront mises dehors. Rien ne se cache. La Vérité triomphe toujours du grand mensonge ! J'étais à la croisade hier : les prophètes Moïse et intellectuels ont prophétisé cela ; ils ont dit que dès ce matin, le village va sombrer dans une consternation ou agitation à incandescence ! Si tu descends là, tu verras que les deux grands baobabs qui sont tombés la nuit.

Voisin

Ah ! bon ! Alors qu'aucun vent n'a soufflé ?

Le père

Tu fais bien de signaler l'aspect du vent. C'est un signe qui montre que la prière soulève les montagnes. C'est ainsi que Dieu manifeste sa gloire !

Voisin

Sans doute, ce sont des arbres à l'intérieur desquels les étoiles des enfants de la chefferie et de tout le village ont été enterrées ! Eh ! bien ! nous sommes sauvés ! Dieu est fort : je le remercie pour sa Gloire et surtout d'avoir orienté sur notre territoire ses serviteurs,

Joseph Moïse et les prophètes intellectuels. C'est grâce à eux que nous sortons de prison : ces deux arbres étaient une prison pour nous ; les anges de Dieu, au nom de Jésus, sont venus la nuit ouvrir les portes de cette prison et nous délivrer, et nous libérer ! C'est pour ça que le chef souffre à présent : si ces deux arbres ne tombaient pas, nous, on ne serait jamais à l'aise et lui, il ne mourait jamais. Il est tombé dans son propre piège. Il souffre de sa propre turpitude. Je remercie le bon Dieu qui m'a orienté par ici pour que j'apprenne ces bonnes nouvelles ! Nous sommes sauvés, mon voisin !

Le père

Je suis fier parce que tu comprends parfaitement comme moi ce qui se passe ! Ce qui nous tue très souvent, ce n'est pas la sorcellerie, c'est l'ignorance de la sorcellerie qui nous tue ! La connaissance au sujet de la sorcellerie est déjà une arme entièrement efficace contre cette sorcellerie ! Quand tu ne sais pas que ton ami peut être sorcier ou démon, il te tuera un jour ; mais du moment où tu sais qu'il est sorcier, il commence à t'éviter. Le diable n'aime pas la connaissance. Il n'aime pas être localisé.

Voisin

Je suis tellement heureux que je ne vigne pas, aujourd'hui ! Je dois retourner à la maison.

Le père

On va aller ensemble. Est-ce qu'on peut même aller à la chefferie pour mieux suivre les événements ?

Voisin

C'est une bonne idée ! *(Sur le chemin, les deux interlocuteurs marchent glorifiant Dieu ; ils vont en publiant la nouvelle à tous ceux qu'ils rencontrent sur leur route. Ils arrivent à la chefferie pendant qu'un charlatan délivre le chef, en vain. On ne change pas la parole d'un vrai prophète.)*

Le père *(S'adressant au chef)*

Mon chef, sois courageux. Ça va aller. Comment te sens-tu à présent, chef ?

Chef *(Suffocant, confessant)*

J'ai fait beaucoup de mal. *(Il parle tout doucement, tout tremblant).* J'ai beaucoup tué ! *(Les visiteurs tendent minutieusement l'oreille pour écouter).* Les destins des enfants sont dans mon ventre ; mais je les ai déjà vomis. *(Les gens se regardent).* Je suis paralysé parce que ces destins qui soutenaient mes intestins ont été prélevés par la puissance de Dieu. *(Les gens se regardent à nouveau).* Je comprends, mais un peu tard, que Dieu surpasse les pouvoirs maléfiques d'un chef. J'aurais dû bien me conduire, me comporter envers mon peuple ; mais malheureusement je l'ai sacrifié. J'ai fauché ses projets ; je l'ai rendu pauvre ; je lui ai privé de ses multiples valeurs et dons que Dieu lui a donnés. Je regrette, mais je suis irrécupérable : Dieu ne peut même pas m'écouter, même si je prie n'importe comment, même si vous priez pour moi. Rien n'y changera. J'irai tout droit en enfer ! C'est la seule chose que je mérite. Dieu et son fils

Jésus ont eu raison de moi. Ils sont forts et plus forts que tout. J'aurais dû écouter le prophète Joseph Moïse, et avant lui, les deux intellectuels, littéraire et philosophe postmodernes. J'ai cru qu'ils jouaient aux devinettes, maintenant, et seulement maintenant, je comprends que c'était sérieux. J'aurais dû les écouter *(Il pleure, il coule les larmes, il secoue nonchalamment la tête, les yeux deviennent sombres, il ne tient plus ; mais il poursuit tout de même)* C'est ainsi que la vie finit lorsqu'on a été têtu, lorsqu'on a été réfractaire aux principes de Dieu. Si j'avais un conseil à vous donner, vous mes notables et tout mon peuple, je vous dirais de ne jamais vous adonner à la sorcellerie. C'est un jeu auquel on perd toujours ! j'ai vendu mes propres enfants *(Il pleure sérieusement)* Que Dieu me pardonne ! Mais se peut-il qu'il puisse me pardonner ? Je ne pense pas. *(Le lion devient-il la chèvre ?)*

Le père

Dieu va peut-être faire grâce. Mais vous devez vous... *(Avant qu'il ne finisse sa phrase, le chef n'existe plus ; le pharaon vient de succomber ; les enfants d'Israël sont délivrés, on court de partout pour s'en rendre compte, puis un bruit sec. Dans cette confusion, un notable s'écroule, il parle à peine.)*

Notable

Ma fille qui est morte dernièrement, c'est moi qui l'ai vendue. En réalité elle n'est pas morte d'une mort naturelle. Ma première née n'est ni mariée ni salariée alors même qu'elle a quarante-cinq ans à cause de moi. Je l'ai piégée depuis le premier jour de sa naissance à l'hôpital : à sa naissance donc, certains sacrificateurs m'avaient donné l'ordre de mission d'inspecter l'enfant afin qu'ils viennent l'adorer après ; j'étais en compagnie de mon ami Eco au centre de santé ; l'enfant avait une puissante étoile qui brillait de partout et qui l'annonçait comme l'une des plus grandes intellectuelles du monde ; ayant vu cela, nous étions troublés et avons passé l'information aux sacrificateurs pour qu'ils viennent l'adorer ; ils sont venus tout joyeux et ont offert à l'enfant et à sa mère de l'or, de l'encens et de la myrrhe comme présents ! mais comprenez que l'or offert n'était pas gratuit, c'était un sacrifice que nous avons payé à l'autel du diable pour recevoir l'ordre de mission de collecter et embouteiller l'étoile et les dons de la jeune fille bébée ! Son étoile de mariage a été arrachée, son étoile d'emploi a été arrachée également ; c'est pourquoi, aujourd'hui, elle n'a rien et elle n'est rien. Sincèrement, je suis méchant, c'est pourquoi je suis frappé par la mort à présent. Je suis appelé par le Seigneur ou plutôt si j'étais honnête je dirais que je suis appelé par le diable. Oui, le diable m'appelle ! Que voulez-vous que je vous dise ! C'est comme ça, her ! Chacun ne reçoit que ce qu'il mérite. Et vous savez ce que le chef et ses notables de ce village méritent ? Ils méritent l'enfer !! C'est tout. Dieu ne peut même pas nous écouter. Le temps est passé. Ceux des notables qui semblent être encore en vie vont me suivre bientôt ; ils ne peuvent pas échapper au châtiment de Dieu ; ils aiment manger sans préparer ; ils adorent la nourriture ; ils aiment la vie facile, les titres, les grades qu'ils ont à chaque fois qu'ils amènent une proie devant le chef pharaon ou Hérode. *(Quand il finit de s'adresser à l'assistance, il meurt !).*

Scène 2

(Un sabbat : retour du peuple à l'église pour des témoignages et des jouissances.)

Le littéraire postmoderne

Nous lisons : Tes ennemis sortiront par un seul chemin pour te poursuivre et ils s'enfuiront devant toi par sept chemins. Cf. Deutéronome : 28. Ainsi dit la Parole Divine. Et c'est ce qui est arrivé dans ce village. *(Applaudissements dans la foule)*. Hérode a voulu tuer Jésus, mais Dieu lui a détourné le chemin. Pharaon a été vaincu sous l'ordre de Moïse, établi Dieu par Dieu. De la même façon, le chef de ce village et ses pauvres notables sont morts pour le mal qu'ils ont fait subir au peuple, aux enfants. *(Cris de joie dans la foule)* Ils sont aujourd'hui persécutés par Dieu, ils sont vaincus ! Et le village est libéré ! Le mur de Jéricho vient de s'écrouler sous l'action des grands cris poussés par les jeunes braves de ce village. Vive la victoire !

Le philosophe postmoderne

Vive la Victoire !!! Dieu nous a exaucés, Braves enfants du village. La force que Dieu vous a donnée, nous a donnée, nous a permis de tenir jusqu'au bout. Nous rendons grâce à Dieu, le père Tout Puissant ! Nous lui rendons sincèrement Grâce ! Nos parents sont sur la route de l'enfer, maintenant. Si certaines personnes ne meurent pas dans votre village, vous ne pouvez pas avoir la vie sauve, vous n'aurez pas de mariage, vous n'aurez pas de travail décent, vous n'aurez pas de prospérité financière, bref, vous serez tenus en captivité. Maintenant qu'ils sont morts, nous sommes libérés, nous sommes libres aujourd'hui. Je vois votre mariage qui arrive, je vois votre capacité de création d'emploi qui arrive, je vois vos recrutements qui arrivent, je vois votre prospérité financière qui arrive ! Vous êtes sauvés. *(De grands cris de bonheur dans la salle.)* Le peuple périt faute de connaissances ; et la connaissance qui nous manque très souvent, c'est que nous ne savons pas que les sorciers existent et nous persécutent nuit et jour, ils existent bel et bien, en vrai, je le dis, en vrai !!! Une autre grande connaissance qui nous manque, c'est que nous ne savons pas que les sorciers et les démons qui écument nos chefferies traditionnelles sont en accointance avec le pouvoir gouvernemental et étatique ! Vous savez que les présidents des républiques n'aiment pas dans l'ensemble voir des enfants intelligents dans leurs pays ; raison pour laquelle il est rare d'inviter un jeune au palais présidentiel pour le féliciter pour ses activités intellectuelles, à moins qu'elles soient au profit de l'unique président. Le président de la république ne s'empresse de féliciter dans son palais que des jeunes égarés qui réalisent des exploits sportifs inutiles. Pourtant le sport, quel qu'il soit, ne peut pas construire notre nation. Or, le pire c'est que les grands chefs d'Etat ont trop peur des intellectuels, ils n'aiment pas des gens qui réfléchissent pour la construction nationale à intérêt général ; ils n'aiment que ceux qui œuvrent pour les intérêts égoïstes. Les gens n'aiment pas l'intérêt général ; ils détestent les intellectuels vrais parce qu'ils n'aiment pas le concret, le réel, la vérité telle qu'elle est ; ils n'aiment que des discours creus, caméléon, les chefs d'Etat adorent un espace mental en déphasage avec l'espace social. Par conséquent, les présidences de la république au monde sont un des grands endroits où le structuralisme inutile a trouvé terrain fertile. Oui, un chef d'Etat est un structuraliste, un marxiste, un cartésien, puisqu'il ne sert à rien. René Descartes, au dernier carré du dix-septième siècle, a donné le ton d'un certain rationalisme qui a soufflé et envahi lentement ou plutôt à pas extrêmement rapide, telle une trainée de poudre, le monde entier. Le rationalisme, cette théorie qui travaille à déciviliser, à prendre le concret au piège des apparences, travaille et investit tous les espaces du monde, les palais présidentiels en tête. C'est pourquoi la sorcellerie minutieusement entretenue par nos chefs traditionnels est largement favorable aux gouvernements étatiques. Quand un homme du vide social rencontre un autre homme de la même envergure, comment ne doivent-ils pas être en accord ? Hypocritement, on attend que les jeunes élèves apprennent vite pour entreprendre des poétiques intellectuelles qui vont changer le pays, alors même que leurs destins ont été, et depuis longtemps et tactiquement, talonnés par leurs ancêtres, leurs parents, leurs tuteurs. On ordonne à la jeunesse de réfléchir pour développer la nation, en même temps on ne le veut pas. Comment peut-on adorer le progrès uniquement de lèvres et non de vérité concrète ? On veut, alors même qu'on ne veut pas ! Quelle hypocrisie !

Le littéraire postmoderne

Et face à cette situation, l'Etat ne dit rien ! Puisqu'elle tourne à son avantage. D'ailleurs, ce n'est pas un hasard si le gouvernement a toujours soutenu les grandes églises où la pédophilie et la fornication ont toujours été au rendez-vous. Ce n'est pas un hasard si les vrais pasteurs, qui sauvent le peuple de la sorcellerie des parents du village, sont très souvent persécutés par l'Etat et par les prêtres ou autres prétendus hommes de Dieu qui leurs sont alliés. Heureusement que l'Eternel des Armées approuve dans Matthieu que ces faux prophètes ne lui sont pas connus et que le jour du jugement il leur demandera de se retirer de lui. Ces tournures hypocrites font en sorte que les affaires de la cité sont concentrées entre les mains des individus d'un seul quartier, d'un seul village, d'une seule tribu ! En effet, on veut être structuraliste, on veut être Karl Marx, on veut être Descartes, on veut être Marcel Proust, on veut être Saussure ou Lévi-Strauss, ou Lacan, on veut être Roland Barthes : comme on sacrifie l'auteur sur l'autel du structuralisme, on veut sacrifier les valeurs de la jeunesse sur l'autel de la sorcellerie et de l'égoïsme. Tout pour les sorciers du village, les chefs d'Etat et les Structuralistes, mais Rien, je dis, Rien, pour la jeunesse. La jeunesse pourtant sur qui on compte, hypocritement bien sûr ! Structuralisme, sorcellerie et pouvoir étatique sont les enfants de la même famille. Ils se tiennent. Ils n'ont pas de problème. Puisque chacun d'eux a payé un sacrifice à l'autel du diable, ils s'acceptent.

Confack *(Levant la main, la parole à lui accordée.)*

Quel est ce sacrifice qu'ils ont payé sur l'autel du diable ?

Le philosophe postmoderne

Ce sacrifice s'appelle le Vide. Ou encore la prise de la réalité vraie au piège des apparences. Celui qui prend des clauses sait déjà dans sa tête qu'elles ne feront jamais leur apparition dans le réel. Les structuralistes, les marxistes, les cartésiens, les chefs traditionnels, les sorciers et les chefs d'Etat forgent des projets mort-nés. La graine est semée, mais très rapidement elle est étouffée dans le sol avant même qu'elle ne montre sa tête dehors. Pour qu'un jour, on dise quand même qu'on avait au moins semée ; si elle n'a pas poussé, c'est pas notre faute ! Nous avons fait notre devoir : forger des projets de développement qui ne transforment la société que dans notre espace mental, car nous sommes structuralistes ou démocrates ou sorciers si vous voulez. Ou si vous préférez, chefs traditionnels ou marxistes.

Confack

On étouffe le poussin dans l'œuf !

Littéraire postmoderne

Tu as tout compris. On veut un poussin, qui va augmenter nos poules, mais on le tue dans l'œuf. Ou on mange même tous les œufs pour nous-mêmes, et la société tout entière attendra le poulet en vain. C'est ça la théorie qui développe la plupart des pays du monde.

Confack

Cette connaissance nous sort définitivement des ténèbres, aujourd'hui. Les tactiques diaboliques sont connues. Nous sommes sauvés. Je suis fier de la messe d'aujourd'hui ! Alléluia !

Le littéraire postmoderne

La messe se poursuit. Quelqu'un a-t-il un témoignage ?

Une femme *(Témoignant des miracles de Dieu et de l'esprit postmoderne)*

Je suis fière des œuvres de Jésus Christ de Nazareth. Il m'a exaucée. Car mon père notable qui a volé tactiquement mon destin dans le champ de la sorcellerie a confessé avant de s'écrouler devant tout le monde, avant de mourir. Il a avoué que mon travail, ma richesse et mon mariage sont dans son ventre. Mais avant de mourir, il les a vomis. Aussi suis-je à présent une femme heureuse. Je suis née de nouveau. J'ai compris que seule la prière et la foi en Christ sauvent et soulèvent les montagnes. Vive l'onction prophétique postmoderne !

Un garçon *(Témoignant)*

Je suis dans l'allégresse, aujourd'hui. Car le pharaon qui oppressait ma vie n'est plus. Il m'oppresse vraiment depuis que je fais la classe de première. Il a fermé ma tête. Il s'est concerté avec ses frères et les femmes de la chefferie pour prendre ma tête en otage. Cette année où ce mal de tête a commencé, j'ai raté mon examen. Mais, malgré le fait que j'étais encore homme du monde, Dieu ne me négligeait pas, il s'occupait bel et bien de moi, car une marge de Grâce divine me restait encore. La preuve, c'est que malgré les oppressions et les hypocrisies dont j'étais accablé par ma famille paternelle, j'ai eu la possibilité d'écrire deux grands Livres que j'ai publiés à l'étranger, en France. Depuis le jour où j'ai rencontré le prophète postmoderne, j'ai compris très vite qu'on ne vit pas comme ça, qu'on ne vit pas sans être protégé, qu'il faut que la main de Dieu soit pour toujours étendue sur mon front pour que ma vie soit accomplie. J'ai compris que c'est le monde spirituel qui commande le monde physique. Et depuis ce jour ma vie marche, elle progresse. Je me suis posé la question : si la main de Dieu ne me protégeait pas, comment aurais-je pu parvenir à réfléchir, écrire et publier des Livres de Littérature aux milieux des vampires, des jaloux, des hypocrites, des sorciers et des fornicateurs ? Vive la GRÂCE DE DIEU ! Que Dieu soit loué pendant des siècles et des siècles ! Aujourd'hui, je suis un critique par la Grace de Dieu. Je mène une critique sévère contre la prétendue modernité littéraire, c'est-à-dire contre Saussure, Barthes, Proust, Descartes, Marx, Lévi-Strauss, Lacan, Alain. J'œuvre pour la critique littéraire postmoderne : j'aime Orsenna, Pividal, Gerber, Stevenson, Le Bris, Sartre, Compagnon, Todorov, Césaire, Brink, Vatimo, Derrida, Said, Glissant, Spivak, Tamara, Djoumessi, Dieu pour qui la littérature est l'expression du Grand Dehors dont parle Le Bris, l'expression du Sujet, de l'Histoire, du Sens et donc de l'intérêt général, du chaos-monde. Je viens de très loin ! j'ai vaincu le diable, sous l'onction de Dieu. Un auteur postmoderne n'est pas différent de Dieu. Le critique littéraire postmoderne est le temple de Dieu : comme Dieu est pour tous, le Postmoderne est pour tous ! Comme Dieu est Saint, le Postmoderne est Saint. Par opposition aux modernes qui, dans leur égoïsme outrancier, n'incarnent que le diable et la folie mentale. Je Témoigne, ce matin, que Dieu est Bon et que les prophètes postmodernes servent un Dieu qui répond immédiatement : d'ailleurs n'est-ce pas Lui qui les a appelés ? Comment ne devrait-il pas les exaucer ? *(Applaudissements et louanges).*

Le philosophe postmoderne

J'exige qu'on applaudisse encore pour les miracles de Dieu ! Dieu est un Dieu miséricordieux ! Vous voyez que les sorciers de cette maudite chefferie ont failli nous détruire un grand littéraire postmoderne, un grand intellectuel postmoderne. Mais, fort heureusement, Dieu était au contrôle. Il a su le protéger au milieu des vampires familiaux, qui n'existent plus, car vaincu par la Très Haute Puissance de L'Eternel des Armées ! Rien n'est au-dessus de Dieu. Dieu est au-dessus de Tout ! C'est Lui qui dirige, c'est Lui qui donne Vie, C'est Lui qui donne solution aux problèmes. Il ne cherche pas la Solution, il est en Lui-même Solution ! Ma prière aujourd'hui, c'est que Dieu nous Charge encore plus d'Onction afin que nous vainquions toujours sur les plans intellectualo-spirituels ou Spiritualo-intellectuels. La postmodernité doit triompher, l'objectivité doit être au rendez-vous, nous devons détruire les œuvres diaboliques et inscrire dans l'espace mental notre espace socio-économique. Nous ne sommes pas nés dans notre esprit, mais bel et bien dans une société qui était déjà préparée fort longtemps par nos prédécesseurs. Nous ne sortons pas du néant ; nous devons nous réconcilier avec l'Histoire. Le Sujet doit pervertir l'identité sectaire pour ouvrir une route pour le Nous, pour l'altérité. C'est l'heure de l'enchevêtrement des cultures-monde, nous devons poétiser les zones de bifurcation, les zones interstitielles. Car l'eau ne résiste à aucune barrière, à aucun verrou ; elle se faufile sous les carapaces les plus fermées. En de termes plus clairs, vous ne pouvez pas bloquer le mouvement naturel du Monde ; ne serait-il pas idiot de le faire ? De procéder à une telle théorie ? En tout cas, ce serait se comporter en jardinier d'enfants. Quand je viendrais chez le rationaliste structuraliste épouser sa fille, je vais voir comment il ne va pas me l'accorder, malgré ses durs principes. Peut-être qu'il songerait à tout mettre en fiches, en équation avant de pouvoir comprendre l'amour que j'éprouverais pour sa fille, dont le cœur serait naturellement tourné vers moi, sans condition ! Les rationalistes marxistes cartésianistes structuralistes – ils ont un drôle de nom – souffrent. Ils n'ont pas les mains libres. Tout est principe chez eux ; c'est pourquoi leur monde est loin d'être épargné par la sorcellerie satanique et démoniaque ! On prend la nature en otage et on lui impose des principes arbitraires qui la dépouillent de la poétique de l'intérêt général. La Nature soumet tous les humains aux mêmes règles changeantes ; il y a des jours de bonheur pour tous et des jours de malheur pour tous également. Mais, depuis la fin du XVIIe siècle, une catégorie d'individus a surgi ayant à l'esprit l'idée de soumettre cette nature à des règles arbitraires et absurdes en croyant qu'il lui serait possible d'attribuer plus de peines à une partie de la population mondiale qu'elle qualifie d'inferieure, et plus de joies à une autre partie plus petite de cette même population. Comment l'être humain peut-il décider du sort d'un autre être humain ? Comment les cartésianistes pensent qu'ils sont d'autant plus intelligents qu'ils croient qu'ils peuvent créer le monde à leur guise, qu'ils croient qu'ils peuvent créer l'homme à leur image, c'est-à-dire à l'image du vide humaniste, à l'image de la misère qu'ils veulent lui imposer ? Chose terriblement terrible !

Le littéraire postmoderne

Nous devons prier pour la fin de l'instrumentalisation rationaliste, structuraliste et marxiste. Les structuralistes cartésiens sont forcément contre Dieu, ce sont des pêcheurs. Leurs pionniers seraient en enfer aujourd'hui. Ils ont détruit le peuple uni de Dieu ; ils l'ont dispersé sans raison, en créant les riches, un petit groupuscule, d'un côté, et les pauvres, un très grand nombre, de l'autre. Chose que Dieu ne peut pardonner. Cet acte ignoble mérite d'être systématiquement sanctionné. Les rationalistes iront en enfer, tout comme les chefs traditionnels de nos villages qui entretiennent nuit et jour la collecte d'étoiles des enfants dans les lieux sacrés. Ils vont mourir de leur propre mort, de leur propre turpitude. Tout comme les démocrates ! Ces trois catégories d'individus, structuraliste (marxiste, cartésien), traditionaliste et chef d'Etat, ont en commun le défaut d'avoir détruit le plus grand nombre de personnes dans le monde au profit de quelques-uns depuis l'avènement de ce qu'ils appellent arbitrairement la modernité. D'avoir brillé par la misère des faits ! D'avoir brillé par la surabondance des histoires à dormir debout, la fabulation, le double langage, le montage mental, l'hypocrisie. On comprend finalement que les lieux sacrés, où l'on enterre les destins des enfants, sont non seulement les chefferies traditionnelles des villages, les forêts sacrées, les petites cases, mais aussi les présidences et tous les endroits où l'on enseigne le cartésianisme, le marxisme et le structuralisme dans ce monde. Mais il faut souligner que les universités sont les lieux sacrées de seconde zone, car elles ne renforcent que le clou déjà pointé depuis les familles des étudiants, des lieux sacrés du village. Ou encore, parfois l'enseignant fait buter l'étudiant sans s'en rendre compte : il a des durs principes qui bloquent la voie à l'étudiant alors même que son esprit est malgré lui influencé par les sacrifices faits depuis les lieux sacrés du village. Une barrière spirituelle et satanique s'installe entre l'enseignant et l'étudiant : ni l'un ni l'autre ne comprennent rien de ce qui se passe ; l'enseignant se dit que l'étudiant ne comprend rien, l'étudiant de son côté se dit que l'enseignant est méchant et médiocre, pourtant les deux sont innocents de tout. Le diable crée mystiquement ces situations conflictuelles entre eux pour manifester sa gloire. Le diable n'est jamais heureux que lorsqu'il réussit à semer la terreur entre les hommes ; et comme ces derniers sont sans connaissances, ils se mettent à se cogner les têtes sans savoir pourquoi.

Mais, il faut tout de même signaler que certains enseignants comprennent très bien ce qui se passe ; ils savent que l'étudiant est intelligent et s'il ne comprend plus rien à un moment donné, c'est qu'il serait frappé par les manigances des hommes familiaux de mauvaise foi. Mais, plutôt que d'aider l'étudiant à voir plus clair, ils en profitent pour le clouer pendant de longues années. Ne sont-ils pas devenus des Pharaons ? En ce cas, l'institution devient un lieu sacré de seconde zone ; elle est la conséquence directe des lieux sacrés de première zone que sont les chefferies du village. En réalité, et ça c'est pour terminer, le monde physique n'existe pas, la seule chose qui existe et qui soit vraiment possible, c'est l'intention qui préside à la conception de ce monde physique.

Confack

Comment un rationaliste peut-il mentir ?

Littéraire postmoderne

C'est cela leur mission fondamentale ! Il faut qu'on comprenne qu'il n'y a pas de différence entre un rationaliste structuraliste et nos membres de famille qui ne jurent que par la modernité, qui est alors le brevet de leurs hypocrisies. Ils se comportent tous de la même façon. Je m'explique : dans nos familles, tout le monde parle du développement, de la réussite, du bien-être, pourtant personne ne veut rien de tout cela. En effet, il se vit une scène des accusations mutuelles instiguées ou préméditées entre certains membres de la famille qui sont déjà au courant de la sorcellerie familiale et qui donnent l'impression à d'autres membres de la même famille encore naïfs qu'ils ne s'entendent pas alors même qu'ils savent effectivement ce qui se passe entre eux ! Tu vois le plus haut degré de l'hypocrisie. Et lorsqu'un membre naïf intervient pour réparer ces conflits hypocrites, montrant ainsi son humanisme, c'est ainsi qu'on le connecte à cette sorcellerie familiale. L'innocent payera le prix de ce qu'il ne connaît pas. Ces scènes montées de toutes pièces se soldent par le vide, car elles ne visent pas le développement de la famille : quand un enfant passe un concours, il n'y a personne pour l'inscrire à l'école de formation à l'issue de laquelle il gagnera sa vie ; on donne l'impression qu'il n'y a pas d'argent, pourtant on en a ; peut-être c'est l'argent de la sorcellerie, et comme l'exigent les conditions et les clauses de la sorcellerie, cet argent ne doit jamais être dépensé pour aider un enfant. On doit l'utiliser à des fins inutiles ! La solidarité familiale n'est que linguistique, structuraliste ; d'un point de vue des faits, il n'en est rien ! Parfois, il y a des parents qui payent la scolarité pour que les enfants obtiennent des diplômes ; mais une fois les diplômes obtenus, les mêmes parents refusent catégoriquement de leur payer les dossiers d'un concours. Quand il faut payer la scolarité, il n'y a pas de problème, mais en ce qui concerne le concours, le père commence des bruits à n'en point terminer et finalement il ne paye pas le dossier du concours. Même ceux qui optent pour une entreprise, manquent de moyen financier pour démarrer. Pourtant leurs parents sont férus d'argent. Comment peut-on ne pas travailler avec tant de diplômes ? Avec des parents riches ? Parfois, avant d'attribuer l'argent du concours à un enfant, on lui crie dessus à longueur de journées, si tout le quartier n'est pas au courant que l'enfant va faire un concours, personne ne peut lui attribuer de l'argent. Même pour amener un enfant à l'hôpital pour les soins de deux mille francs seulement, il faut que tout le quartier apprenne la nouvelle. En réalité, c'est ça les tactiques de sorcelleries dans le monde moderne : il faut que le diable soit au courant des projets des jeunes pour pouvoir mieux les intercepter et détruire ! Selon les clauses sataniques, l'argent ne doit pas servir à développer un village, un pays. En réalité, les quelques rares membres de famille qui réussissent par miracle à trouver la voie du succès professionnel, ce ne sont que des rescapés de la sorcellerie familiale, et on ne peut pas prouver le contraire. Les rationalistes fonctionnent exactement de la même façon : Descartes défend une liberté de pensée des hommes alors même qu'il sait que cette liberté n'est pas pour tout le monde ; sous les prismes de l'hypocrisie, la liberté n'est destinée qu'à quelques-uns. Karl Marx défend une société sans classe, pourtant il ne fait rien pour dissiper les clivages qui lui sont bénéfiques. Pourtant, il ne cesse de dissoudre le particulier dans l'universel, qui est la synthèse du raisonnement dialectique qu'on doit imposer à tous sur la planète. Pourtant il ne cesse de prendre consciemment la réalité pour les apparences et vice-versa. Tu vois bien que les membres des familles, les rationalistes, les structuralistes, les chefs traditionnels, les notables, les journalistes, les hommes politiques parlent du développement à longueur de journées, alors que personne parmi eux n'est prêt à l'implémenter à la réalité du village, du pays, du monde. C'est pourquoi, en tant que postmodernes, nous sommes obligés d'élaborer cette équation capitale : **Modernité = Vide (Sorcellerie).**

Philosophe postmoderne

Incroyable ! La vie n'a plus de contenu ; son contenu est dépouillé par les rationalistes et les sorciers de tout bord !

Littéraire postmoderne

Mais, cela est déballé aujourd'hui, c'est fini aujourd'hui.

Philosophe postmoderne

Il faut qu'on comprenne que les hommes de Dieu ne sont pas seulement les pasteurs et les prophètes.

Littéraire postmoderne

En effet ! Tout intellectuel, quelle que soit son obédience, est un serviteur de Dieu de par son état d'esprit qui œuvre pour l'humanité entière, pour l'intérêt général.

Philosophe postmoderne

C'est l'intérêt général qui fait l'être humain et partant le penseur !

Littéraire postmoderne

Le contraire n'est en aucun cas envisageable !

Philosophe postmoderne

Nous les avons gagnés, ces cartésiens, ces structuralistes, ces marxistes, ces chefs traditionnels, ces notables aux gros ventres, ces soi-disant hommes politiques.

Littéraire postmoderne

Ne dit-on pas souvent que tout être humain est philosophe ?

Philosophe postmoderne

Si !

Littéraire postmoderne

Alors, de la même façon tout être humain ne devrait-il pas œuvrer pour Dieu, en préservant l'intérêt général ?

Philosophe postmoderne

Les monstres trouvent qu'il faut s'extirper des faits, même les plus aveuglants, pour se glorifier dans les apparences, pour distraire le peuple, pour se déconnecter tactiquement de l'histoire, de la source de l'humanité.

Littéraire postmoderne

Ils ne savent pas que se déconnecter du peuple pour servir les intérêts personnels, c'est se déconnecter de Dieu. Mais, ces hommes sans aveu, et c'est ainsi que les choses arrivent, sont les premiers à croire en Dieu !

Philosophe postmoderne

Oui, question pour eux de distraire l'opinion ! Que le feu les frappe à jamais !

La foule *(Louant Dieu, c'est le temps de conclure l'évangile.)*

Tu es seigneur ! Tu es seigneur ! Tu es seigneur ! Tu es seigneur ! Tu es seigneuuuuur !!!

Le littéraire postmoderne *(Disant le mot de fin)*

Je remercie l'Eternel des Armées d'être descendu dans cette prière pour la bénir. Nous le remercions de nous avoir protégés tout au long de ce service divin. Il est merveilleux. Nous le remercions d'avoir enterré les Lieux sacrés dans ce village, d'avoir exaucé la prière des jeunes qui, autrefois, étaient tenus en captivité par nos ancêtres qui, aujourd'hui, sont en enfer ! Nous te louons pour toujours, Seigneur, au nom de ton fils Jésus Christ de Nazareth. Vive l'onction prophétique ! Vive l'onction postmoderne !

13 mai 2021.

Table des matières

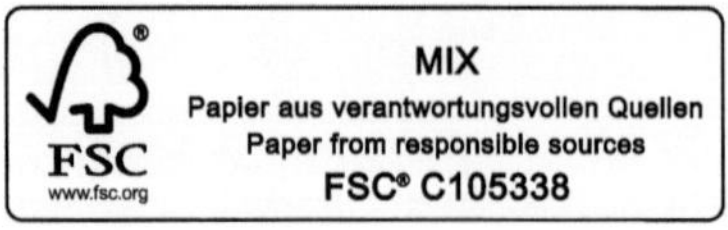

Printed by Books on Demand GmbH, Norderstedt / Germany